suhrkamp taschenbuch 5487

1945 stoßen Visionäre ein epochales Friedensprojekt an, Grenzen fallen, der Nationalismus weicht der Kooperation – Europa bekommt eine zweite Chance. Doch dieses Projekt könnte schon bald Geschichte sein. Demokratische Defizite führen zu Protest. Mannigfaltige Krisen machen den Menschen Angst. In vielen Mitgliedstaaten erstarkt ein neuer Nationalismus. Wie wird die Welt von morgen aussehen?

Robert Menasse erklärt und verteidigt die europäische Idee, lädt aber auch dazu ein, die systemischen Widersprüche der Europäischen Union zu kritisieren und zu überwinden. Die Alternative ist nicht kompliziert: Entweder gelingt das historisch Einmalige, nämlich der Aufbau einer nachnationalen Demokratie, oder es droht ein Rückfall in das Europa der Nationalstaaten. Das wäre eine weitere Niederlage der Vernunft – mit den Gefahren und Konsequenzen, die uns aus der Geschichte nur allzu bekannt sein sollten.

Robert Menasse, geboren 1954 in Wien, lebt dort als Romancier und Essayist. Für seinen Bestseller *Die Hauptstadt* (st 4920) erhielt er den Deutschen Buchpreis. Sein Roman *Die Erweiterung* (st 5361) wurde mit dem Europäischen Buchpreis 2023 ausgezeichnet.

Weitere Titel des Autors im Suhrkamp Verlag: *Die Vertreibung aus der Hölle.* Roman (st 4863), *Ich kann jeder sagen.* Erzählungen vom Ende der Nachkriegsordnung (st 4205), *Don Juan de la Mancha oder Die Erziehung der Lust.* Roman (st 4040), *Permanente Revolution der Begriffe* (es 2592), *Heimat ist die schönste Utopie* (es 2689).

Robert Menasse

DIE WELT VON MORGEN

Ein souveränes
demokratisches Europa –
und seine Feinde

Suhrkamp

Erste Auflage 2025
suhrkamp taschenbuch 5487

Frontispiz: Bayerische Staatsbibliothek München, Res/EUR. 561-16/18,
urn:nbn:de:bvb:12-bsb10916599-9
Umschlaggestaltung: Rothfos & Gabler, Hamburg
Druck und Bindung: CPI books GmbH, Leck
Printed in Germany
ISBN 978-3-518-47487-7

Suhrkamp Verlag GmbH
Torstraße 44, 10119 Berlin
info@suhrkamp.de
www.suhrkamp.de

DIE WELT VON MORGEN

Als Heimat empfand ich das europäische Festland,
je mehr ich von ihm in meine Bildung – und in meine Gebilde – aufnahm. Vor 1914 reiste man ohne Pass
von der atlantischen Küste bis an das Schwarze Meer,
von Skandinavien bis nach Sizilien. [...] »Ausland« war
eine Sache der Übereinkunft, und eigentlich Redensart. [...]
Überall war man etwas mehr als ein Zugelassener;
sich in ein Volk zu mischen, stand jedem frei, und den jeweiligen Staat konnte er übersehen. Eine Vorbedingung des geeinten Europa war erfüllt, unsere private Unabhängigkeit von Landesgrenzen.

Heinrich Mann (1941)

Ein bloß bindendes, ein übernationales, ein panhumanistisches Ideal [...] bringt niemals jenen elementaren Anreiz wie das stolz Absondernde, das jedesmal den Feind jenseits der eigenen Landesgrenzen [...] aufzeigt.
Immer werden es darum die Parteigeister leichter haben, welche die ewig menschliche Unzufriedenheit in eine bestimmte Windrichtung jagen; der Humanismus aber, der für keinerlei Hassleidenschaft Raum hat, setzt heroisch die geduldige Anstrengung auf ein fernes und kaum sichtbares Ziel, er ist und bleibt ein Ideal, solange das Volk, das es sich träumt, solange die europäische Nation nicht verwirklicht ist.

Stefan Zweig (1934)

Jura öffnet den Weg für alles, Literatur macht das Verständnis für alles größer.

Jean-Claude Juncker (2019)

Der Europäische Niemand,

Welcher
Niemanden zu beleidigen/
Jederman aber nützlich zu seyn,
beflissen ist;
Wie er solches in allerhand vertrau-
lichen Gesprächen von neuen
und alten
Staats- Angelegenheiten/
Hof-Intriguen/ Krieges- und Friedens-Begeben-
heiten/ gelehrten Sachen/ und vielerley andern son-
derbaren Materien, zu erkennen
gibt.

Der 16. Theil.

1719.

1. Der Europäische Niemand. Am Anfang des 18. Jahrhunderts erschien in deutschen Landen eine Flugschrift mit dem Titel *Der Europäische Niemand.* (Sie ist heute in der Bayerischen Staatsbibliothek aufbewahrt.) Das war mehr als hundert Jahre vor dem *Hessischen Landboten* eine kritische Reflexion von Zeitgenossenschaft, aber mit dezidiert europäischer Perspektive. Wer war dieser Niemand? Der Verfasser? Wollte er anonym bleiben, zumal er »in allerhand vertraulichen Gesprächen von neuen und alten Staats=Angelegenheiten/ Hof-Intriguen/ Kriegs= und Friedens=Begebenheiten« kritisch und pointiert berichtet? Anonym zu bleiben mag dem Verfasser und Herausgeber durchaus angebracht erschienen sein, aber tatsächlich ist »Niemand« auch der Leser, an den sich die Flugschrift richtet, wie deren Untertitel mit dialektischem Witz festhält: »Der Europäische Niemand, Welcher Niemanden zu beleidigen/Jederman aber nützlich zu seyn/beflissen ist«.

Nun hätte eine Schrift mit diesem Anspruch auch »Der Europäische Jedermann« heißen können – aber diesen galt es erst zu bilden, indem ihm europäischer Nutzen offeriert wird. Doch solange Niemand bereit ist, ohne gleich beleidigt zu sein, mit Informationen beliefert zu werden, die seinen Vorurteilen, seiner beschränkten Weltsicht, seinen ideologischen Verblendungen widersprechen, und dem schlicht Gewohnten, dem er sich mit Wut oder mit Resignation ergeben hat, so lange ist und bleibt dieser Niemand der Adressat! Der Europäische Niemand!

Ich lese den »16. Theil« aus dem Jahr 1719. Es ist – wir sind ja in Europa – ein Jahr der Kriege. Die Russen überfallen Schweden, die Österreicher erobern Sizilien, die Franzosen marschieren in Spanien ein ... Zugleich erscheint mit riesigem internationalem Erfolg der Roman *Robinson Crusoe* von Daniel Defoe, die große Erzählung von der Erhebung eines Niemand zum modernen Individuum, das aus eigener Kraft, ohne Herrn über sich, eine Zivilisation errichtet, in freier Entwicklung seiner Fähigkeiten, mit den Ressourcen, die es vorfindet und lernt sich anzueignen. Dieser Roman ist die literarische Revolution dieser Epoche: der Vorschein bürgerlicher, unternehmerischer Individualität und Überwindung der Schicksalsergebenheit, als Modell durchgespielt auf einer einsamen Insel.

Zur gleichen Zeit beschwört *Der Europäische Niemand* eine europäische Kultur, in der die Idee des freien Individuums wieder zurückgeholt und verwurzelt wird im Sozialen: Mitten im Waffengeklirre entwickelt diese Flugschrift Vorstellungen für ein friedensstiftendes Sozialsystem und proklamiert die Freiheit eines jeden, sich »eine Lebens= Art zu erwehlen«, wobei er aber seine Talente in die Gemeinschaft eines bürgerlichen Lebens einzubringen habe, um nicht bloß alleine in seinem Hause ein Philosoph, oder eben auf einer einsamen Insel ein Unternehmer zu sein. Und der Verfasser sinniert ironisch liebevoll darüber, dass es auch zur Entfaltung der deutschen Individualität gehört, sich nach französischer Art zu kleiden oder französischen Wein zu genießen. Was damals Mode war, 150 Jahre vor dem Deutsch-Französischen Krieg.

Dieser Fund hat mich fasziniert. Die Vorstellungen von einem friedlichen, sozialen Europa, das in kultureller Vielfalt verbunden ist, wurzeln tief in der europäischen Geschichte, als konkrete Utopien, die jeweils die zu ihrer Zeit neuen Entwicklungen radikal weiterdenken oder sich als Kritik den zu überwindenden politischen Realitäten entgegenstellen. Als literarischer Vorschein, als essayistische oder philosophische Reflexion. Immer wieder wurde gesagt: Träumereien! Von Dichtern und Intellektuellen! Ja, Träume im konkreten Sinn des Begriffs: Verarbeitung von Erlebnissen und Erfahrungen, Bildgebung von Fragen, die die Träumer emotional beschäftigten.

Von der Kritik an kultureller Distinktion über die Kritik an Kleinstaaterei und Feudalwillkür zur Kritik am Nationalismus, seinen Aggressionen und seiner Beschränktheit in Hinblick auf transnationale Probleme. Kommt diese Geschichte Niemand bekannt vor? Es wäre Jedermann nützlich.

Nach dem Zweiten Weltkrieg gewann die reale wirtschaftliche und politische Entwicklung der europäischen Einigung Tempo. Sie hat von der Montanunion über die Wirtschaftsgemeinschaft bis zur Gründung der politischen Union weiter getragen, als sich noch unsere Großeltern hätten vorstellen können. Aber die jetzt fälligen und notwendigen nächsten Schritte der europäischen Einigung sind blockiert. Warum? Es wird wohl keiner behaupten, es mangle an Realpolitikern. Also fehlt es an Träumern?

Ich bin der Europäische Niemand, muss keine Überzeugten überzeugen, will keine Munition liefern für Wutausbrüche der Nationalisten, auch wenn wir uns mit der Wut vieler Bürger beschäftigen müssen. Ich will beflissen sein, Niemanden zu beleidigen. Zu Jedermanns Nutzen.

2. Das schwarze Loch. Ist die Europäische Union ein schwarzes Loch? Ein Gebiet, in dem die Materie in sich selbst zusammengefallen ist, wodurch sich eine enorme Menge Masse auf einem unglaublich kleinen Raum konzentriert? Dieser Raum wird »Brüssel« genannt. Siebenundzwanzig Staaten, fast vierhundertfünfzig Millionen Menschen auf einer Fläche von über vier Millionen Quadratkilometern: zusammengefallen und verdichtet auf »Brüssel«.

Die EU scheint nur noch als diese Chiffre zu existieren: »Brüssel«, das die Souveränität der Nationalstaaten, »nationale Interessen« und vor allem die Demokratie, die nur als nationale vorstellbar sei, verschlucken will, im Weltraum, der Europa heißt.

So erscheint heute der vorherrschende politische Europadiskurs. Aber auch in der literarischen oder intellektuellen Auseinandersetzung existiert die EU *im Sinne ihrer Idee* im deutschen Sprachraum in einem schwarzen Bewusstseinsloch, schlicht auch nur als »Brüssel«.

Es gibt von zeitgenössischen europäischen Autoren Bücher über Globalisierung und (Post-)Kolonialismus, kenntnisreiche und analytische Literatur über Allerwelt, aber auf vergleichbarem Niveau so gut wie nichts über Europa, über die EU, über den großen Transformationsprozess des eigenen Kontinents, die Grundlage und die Rahmenbedingungen unseres Lebens, Handelns, Denkens, Hoffens und Scheiterns. Selbst ein von mir bewunderter Großintellektueller wie Hans Magnus Enzensberger, als er von seiner luziden Zeitgenossenschaft der sechziger und siebziger Jahre des vorigen Jahrhunderts im 21. angekommen war, konnte ach zu EU auch nur »Brüssel« assoziieren, das er »sanftes Monster« nannte – eine Demonstration seines kritischen Geistes, der keine große Lust zu haben schien, zu verstehen, was er kritisierte. Und er beglückte damit sehr viele Menschen, die genau das brauchten: in ihrem Selbstgefühl als kritische Geister bestätigt zu werden, begeistert davon, dass dabei keines ihrer Vorurteile infrage gestellt wurde.

Globalisierungsgewinner, die die Globalisierung nicht verstehen, und EU-Profiteure, die keine Ahnung von der EU haben, und Opfer nationalistischer Verblendungen, die sich ihre Misere nur so erklären können, dass die Nationalisten, die sie bisher gewählt haben, noch nicht nationalistisch genug waren, und Populisten, die nicht einmal populär sind: Sie alle, links und rechts, verbindet das Selbstgefühl bzw. die Selbstdarstellung, kritische Bürger zu sein, und die Wähler sind in ihren Ressentiments und Aggressionen nur durch ihre Parteipräferenzen gespalten. (Hier sieht man, welche Konsequenzen es hat, wenn »Kritisch-Sein« an und für sich zum gesellschaftlichen Fetisch gemacht wird – dann sind alle kritisch, aber ohne gemeinsames Fundament. Es soll Zeiten gegeben haben, da beruhte Kritik auf Analyse, ihr Besteck war Theorie und Methode. Weiß das niemand?)

Manchmal, an Sonntagen, erscheint »Brüssel« als eine transzendente Macht, an die Fürbitten gerichtet werden, aber während der Woche, im politischen Alltag, als eine Bedrohung, der gegenüber sich Staats- und Regierungschefs aufblähen mit der Beteuerung: Wir lassen uns nicht verschlucken!

Das ist natürlich politischer Unsinn. Aber wirksam. Denn real wird Europa durch die Chiffre »Brüssel« tatsächlich gespalten. Da ist einerseits das Europa der gemeinsamen Institutionen, das nach der Meinung von immer mehr Bürgerinnen und Bürgern unzulässig und bedrohlich in das Leben der Menschen in den Mitgliedstaaten hineinwirkt, nationale Souveränität absaugen und die Politik des Kontinents zentralisieren will, und andererseits sind da die immer noch als natürlich und geradezu einzig menschengerecht empfundenen Nationalstaaten, das Europa der »Vaterländer«, deren Regierungen sich gegen »Brüssel« wehren, Souveränitätsrechte zurückholen und die EU, wenn schon nicht komplett zerstören, zumindest von der politischen Union zur bloßen Wirtschaftsgemeinschaft zurückbauen möchten.

Ich bin, wie versprochen, Niemand, der die Absicht hat, jemanden zu beleidigen, aber ich will versuchen, zu begründen, warum das ziemlich dumm ist, wissend, dass die Dummen nicht sich selbst dumm finden, sondern mich. Aber, vielleicht zu Jedermanns Nutzen: Diskutieren wir das!

3. Utopie und Geschichte in einem Punkt. Vor rund siebzig Jahren sind europäische Nationen bewusst und planvoll in einen gemeinsamen nachnationalen Prozess eingetreten. Das ist ein Faktum, und Niemand wird sich wundern, wenn ich diesen Sachverhalt wiederhole, nur damit das jetzt fix und unmissverständlich als Voraussetzung für alle weiteren Diskussionen über die EU klargestellt ist: Europäische Nationen sind bewusst (!) und planvoll (!!) in einen nachnationalen (!!!) Prozess eingetreten. Und das nicht, weil ein paar Politiker zufällig mit einem Schnapshändler zusammengesessen hatten und gerade so bei Laune waren. Diese Generation hatte in nur einer Lebenszeit ihre Erfahrungen mit gleich mehreren verheerenden nationalistischen Kriegen gemacht. Aufgewachsen in der vergifteten Atmosphäre nach dem Deutsch-Französischen Krieg, erlebte sie die Balkankriege, den Ersten Weltkrieg, den Einmarsch Polens in der ukrainischen Hauptstadt Kiew, daraufhin den Polnisch-Sowjetischen Krieg, und den Zweiten Weltkrieg. Wie gesagt: das alles nur während der Dauer eines Menschenlebens. In Europa.

Es waren nach dem Ersten Weltkrieg wohl starke Friedensbewegungen entstanden, aber all die schönen Parolen, die Waffen niederzulegen, die Manifeste zur Ächtung von Krieg als Mittel der Politik, die Friedensdemonstrationen – all das konnte nichts nützen, weil der Aggressor selbst nicht infrage gestellt wurde, nämlich die Nation, als Idee und politisches Faktum. Friedensverträge zwischen Nationen waren, wie sich zeigte, das Papier nicht wert, auf dem sie besiegelt wurden. (Das zeigt sich bis heute immer wieder! Man denke zum Beispiel an den »Vertrag über Freundschaft, Zusammenarbeit und Partnerschaft« zwischen Russland und der Ukraine.) Diese Verträge waren bloße Termingeschäfte, um Zeit für Aufrüstung zu gewinnen. Betrug und Selbstbetrug, pastellfarbene Luftblasen, die zerplatzen mussten, wenn die sogenannten »nationalen Interessen« im wahrsten Sinn des Wortes wieder schlagend wurden: der Kampf um Territorium, Bodenschätze, Märkte, Einflusssphären und ach, ganz wichtig, zur Bestätigung von Nationalstolz und nationalem Überlegenheitsgefühl.

Die Gründergeneration des europäischen Einigungsprojekts, das zur heutigen EU geführt hat, hat aus diesen Erfahrungen eine konsequente Lehre gezogen, sie hat den Aggressor erkannt, benannt und einen Plan entwickelt, ihn zu überwinden: den Nationalismus.

Der Nationalismus hatte zu den größten Menschheitsverbrechen geführt und Europa verwüstet. Das sollte nie mehr geschehen können. Die Idee war bekanntlich, verfeindete Nationen zu verflechten, ihre jeweiligen Interessen unter gemeinsame Kontrolle zu stellen und in gemeinsamer Verwaltung zu gemeinsamen Interessen zu entwickeln. An diesem Punkt ist aus historischer Erfahrung eine Utopie und aus dieser Utopie ein realer historischer Prozess geworden: das nachnationale Europa *under construction*. Ohne diese politische Entscheidung und ihre schrittweise Umsetzung wäre »Nie wieder!« eine bloße Floskel.

Und dann geschah etwas, das man füglich als Beweis für die These, es gebe eine List der Geschichte, anerkennen muss. Die Idee, ein nachnationales Europa aufzubauen, war, wie gesagt, die Konsequenz aus historischen Erfahrungen. Es war ein Befriedungsprojekt für unseren Kontinent, gleichsam eine Sicherung, dass sich Geschehenes in Zukunft nicht mehr wiederholen kann. Es war also wesentlich bezogen auf Geschichte, auf historische Erfahrungen. Aber eine Vorstellung davon, wie sich die Zukunft global entwickeln würde, hatten die Gründer des europäischen Einigungsprojekts naturgemäß nicht haben können. Und dann stellte sich heraus: Die Zukunft hieß Globalisierung. Sie entwickelte sich ungeplant, anarchistisch und mit größter Dynamik, sie durchbrach nationale Grenzen, zerstörte nationale Souveränität in Hinblick auf die wesentlichen Bedingungen der Produktion und Reproduktion unseres Lebens. Globalisierung bedeutet die Schaffung von transnationalen Produktions- und Lieferketten, allseitige Abhängigkeiten voneinander, um Güter herzustellen, die in allen Weltteilen und Klimaten zugleich verbraucht werden. Globalisierung produziert dramatische Krisen und Abhängigkeiten, die mit nationaler Politik, so wir dem Traum von nationaler Souveränität immer noch anhingen, gar nicht mehr gemanagt werden können.

Das nenne ich List der Vernunft, und das sollte den Europaskeptikern ein einsichtiges Argument für die Sinnhaftigkeit der europäischen Einigung sein: Die Entwicklung, die in Europa als Konsequenz unmittelbarer historischer Erfahrungen angestoßen wurde, erweist sich heute aufgrund der zeitgenössischen globalen Entwicklung als einzig zukunftstaugliche. Denn trans- und nachnationale Politik wird in Europa bereits seit siebzig Jahren geplant und schrittweise entwickelt. Sie ist daher objektiv der Globalisierung voraus. Das Problem ist allerdings, dass die europäischen Staatenlenker bis hin zur Kommissionspräsidentin immer wieder verkünden, dass »wir«, die jeweilige Population der europäischen Nationalstaaten oder die Europäer insgesamt, im Weltengefüge mit seinen großen Machtblöcken ein »Niemand« seien und dass wir endlich »fit« für die Globalisierung gemacht werden müssten – statt zu begreifen und zu kommunizieren, dass die EU eigentlich einen Vorsprung hätte und füglich als Avantgarde in der Welt bezeichnet werden müsste. Denn in Hinblick auf die notwendige und mögliche bewusste Gestaltung transnationaler Prozesse verfügt nur die EU über langjährige Erfahrung und also Expertise.

Hätte, müsste, wäre. Schaut man sich die Politik hinter den »Fit für die Globalisierung«-Phrasen an, sieht man sehr schnell, dass von den europäischen Politikern die Vorteile und Möglichkeiten europäischer Gemeinschaftspolitik gar nicht erkannt werden, vielmehr kämpfen, bitten, betteln und beten sie kurzsichtig um kurzfristige nationale »Erfolge«, und das heißt »Standortpolitik«. Bitte lieber Multi, investiere bei uns und nicht bei einem anderen (Mitglied der Union), wir zahlen dir die Infrastruktur, kommen dir bei der Steuer entgegen. – Nein! Nein! Komm zu uns, wir bieten noch niedrigere Steuersätze! – Und so weiter. Dies als Fitnessprogramm für die Globalisierung zu verstehen und gleichzeitig vor den Nationalisten verständnisvoll in die Knie zu gehen, ist ein grotesker, selbstzerstörerischer Widerspruch, und die Standort-Konkurrenz der europäischen Staaten ist just die Politik, gegen die das europäische Einigungsprojekt gegründet wurde: Konkurrenz um Ressourcen, mit nationaler Emphase. Stört das Niemand?

4. Die Welt von morgen. Eine optimistische Vermutung? Die Lehren aus der Geschichte und unsere zeitgenössischen Erfahrungen führen zum selben Schluss: Nur eine gemeinsame transnationale Politik kann eingreifen, kann gestalten und ordnen, was ansonsten Zerstörung, Verbrechen und Misere produziert. Geplant war die Überwindung des Nationalismus, und man kann füglich darüber streiten, wie weit die Gründergeneration vorausgeblickt hatte und ob sie sich perspektivisch sogar auch ein Absterben der Nationalstaaten hatte vorstellen können. Denkt man darüber nach, hätte es eine innere Logik, und es gäbe logische Argumente für seine Notwendigkeit. Die EU hatte, durch ihre Utopie, die über mehr als ein halbes Jahrhundert in Realpolitik übersetzt wurde, einige Schritte in diese Richtung gemacht. Aber dürfen wir von der Geschichte Logik erwarten? Die Geschichte bietet Verwüstungen und Wunder und wieder Zerstörung und kurzfristige Konsequenzen und Vergessen. Logik? Ist womöglich nur ein Pausenfüller.

Aber dies ist unbestreitbar: Die EU ist das vorläufige reale Ergebnis einer konkreten Utopie, eines Blicks in die Welt von morgen, in eine Zukunft, auf der Basis von historischen Erfahrungen und von Gestaltungswillen. Hingegen die nationalistische Kritik daran – was will sie, was stellt sie sich unter Zukunft vor? Die Rückkehr in eine Geschichte, die es nie gegeben hat (ein glückliches, ethnisch definiertes Volk lebt auf seinem Territorium in freier Selbstbestimmung in Frieden und allgemeinem Wohlstand und trotzt allen Stürmen der Geschichte). Eine Rückkehr ins Nie-Gewesene ist keine Zukunft. Der Nationalismus hat keine Zukunft. Aber er kann die vorläufige zerstören.

5. Die Zukunft, populär. Dass die Welt von morgen nachnational sein wird (und soll), war gestern noch äußerst populär – zumindest zwei Jahrzehnte lang nach dem Ende des Zweiten Weltkriegs. Das kann man an massenkulturellen Phänomenen der sechziger Jahre ablesen, zum Beispiel an extrem erfolgreichen, von den Massen begeistert konsumierten Science-Fiction-Romanen oder -Filmen, die in ihrer besonderen Form wohl kaum phantasiert hätten werden können ohne die Erfahrungen mit den nationalistischen Kriegen und ohne die darauf folgenden realen politischen Schritte Europas in eine nachnationale Zukunft.

Im Jahr 1957 war mit der Unterzeichnung der Römischen Verträge die Europäische Wirtschaftsgemeinschaft (EWG) gegründet worden. Es hieß *Wirtschafts*gemeinschaft, aber ihre Entscheidungen waren große Schritte in Hinblick auf Gemeinschafts*politik*: Für die EWG-Länder waren im Handel die nationalen Grenzen beseitigt, es wurden keine Zölle mehr eingehoben. Außerdem einigten sich die teilnehmenden Staaten auf eine gemeinsame Kontrolle der Lebensmittelproduktion, damit die ausreichende Ernährung der Populationen dieser Länder sichergestellt war.

Am 13. August 1961 begann der Bau der Berliner Mauer, das überdeutliche Symbol der Spaltung der deutschen Nation, man kann auch sagen, der pragmatischen Anerkennung ihrer Zerstörung. Wir müssen hier nicht beteuern, dass der Mauerbau ein Verbrechen war, er war eine Konsequenz des großen nationalistischen Kriegs und bedeutete den definitiven Eintritt Deutschlands in nachnationale politische Systeme: Westanbindung und EWG auf der einen und Ostblock auf der anderen Seite. Und Anfang September just dieses Jahres erschien das erste Heft der Reihe *Perry Rhodan*, mit einem bis dahin für sogenannte »Schundhefte« ungekannten Verkaufserfolg. Die Handlung beginnt im Jahr 1971, in dem die Welt in drei Blöcke gespalten ist, einen Westblock, einen Ostblock und eine von China dominierte Asiatische Föderation. Aber die Menschen erkennen, dass militärisch aufgerüstete, konkurrierende Blockbildungen so wenig wie Nationen den Frieden auf Erden sichern können. Es ging beim Projekt *Perry Rhodan* nur vordergründig um den Aufbruch zu den Sternen, vielmehr wollte diese Heftreihe die Sehnsucht so vieler Menschen ausdrücken, »die Unterschiede zwischen Nationen, Völkern, Religionen und Hautfarben endlich zu begraben«, wie ein Redakteur schrieb. *Perry Rhodan* war die Projektion von Friedensprojekt und Gemeinschaftspolitik in die Zukunft, die Reihe überwand die Mauer schon im Jahr ihrer Entstehung, ohne die Nation zu restaurieren, sie hob sie in einer nachnationalen Menschheit auf.

Und bald darauf produzierte das öffentlich-rechtliche Fernsehen (es gab noch kein anderes) eine Science-Fiction-Serie, die zum Straßenfeger wurde, nämlich *Raumpatrouille Orion*. In der Intro sagte eine sonore Stimme: »Hier ist ein Märchen von übermorgen. Es gibt keine Nationalstaaten mehr, es gibt nur noch die Menschheit«, und nicht nur ich, auch meine Mutter war so ergriffen, dass ich, der tunlichst nicht fernsehen sollte, mir alle Folgen anschauen durfte.

Es wird immer wieder kritisch angemerkt, die EU sei doch nur ein Elitenprojekt. Aber in den sechziger Jahren des vorigen Jahrhunderts war die kollektive Phantasie schon weiter als die der heutigen politischen Eliten.

Das ist bezeichnend und markiert einen Epochenwandel: Vor dem Zweiten Weltkrieg erfanden die Söhne von europäischen jüdischen Flüchtlingen in den USA, Jerry Siegel und Joe Schuster, die Figur des Superman, den mit außerirdischen Kräften ausgestatteten Superhelden, der alles Böse von den USA abwenden kann. Und nach dem Krieg entwickelten deutsche Autoren, Walter Ernsting und Karl-Herbert Scheer, die Figur des Perry Rhodan, der als Bürger einer nachnationalen Welt auch außerirdische Abenteuer besteht.

6. Der Status quo. Was der EU heute also schmerzhaft fehlt, ist Phantasie. Sogar die historische, nämlich die Phantasie der Gründergeneration zu begreifen. Und was Europa am meisten bedroht, sind die politischen Phantasten. Das sind jene, die ihren Wählern Heil versprechen durch die Renationalisierung ihrer Staaten und die das schäbige Spiel spielen, mit Vetos im Europäischen Rat die Entwicklung der EU zu blockieren, um dann ihren Wählern sagen zu können: Ihr seht, die EU funktioniert nicht, wir müssen eine nationale Lösung finden.

Man kann die aktuelle Situation in einem Satz zusammenfassen: Die EU entwickelt sich fort!

Das ist eine gute und eine schlechte Nachricht zugleich.

Die Gute ist, dass die Krisen zu heftig sind, die Herausforderungen der Zukunft zu groß, als dass die Union in einer bloßen Balance ihrer Widersprüche verharren könnte. Ja, doch, die EU entwickelt sich fort, nach Jahren des Stillstands, in denen das »Haus Europa« den Eindruck eines Rohbaus gemacht hatte, an dem die Arbeit eingestellt worden war. Das Haus war bezogen, die Räumlichkeiten eingeteilt, aber der weniger als halbfertige Zustand gab regelmäßig, geradezu rituell, Anlass zur Kritik an der Architektur, allerdings ohne davon die logische Einsicht abzuleiten, dass die Bauarbeiten eben weitergeführt werden müssten. Im Gegenteil. Was auch immer nur schlecht oder noch gar nicht funktionierte, wurde bei Hausversammlungen als Beweis dafür gesehen, dass der Plan nichts tauge und die Idee eines gemeinsamen Hauses nicht funktionieren könne.

Das war die Zeit, im Grunde die langen Jahre der deutschen Kanzlerschaft von Angela Merkel, in der Politiker, die sich nur darum kümmerten, dass der Rohbau nicht einstürzte, bereits als vorbildliche europapolitische Pragmatiker gefeiert wurden. Es war ein systemischer Zustand, vergleichbar jenem, den Robert Musil im *Mann ohne Eigenschaften* am Beispiel Österreich-Ungarns mit den Worten charakterisiert hatte, dass der Vielvölkerstaat sich nur noch selbst irgendwie mitmachte. Die Verwaltung des Stillstands war seine ganze Balance. Wir wissen, wie das damals ausgegangen ist, weshalb all jene, die mit Hirn und Herz Europäer sind, in diesen Jahren Angst bekamen – oder lethargisch wurden. Weil es für *diese* Angst kein Verständnis von Seiten der Regierungen und der Medien gab.

Dann kamen die großen Krisen, die klarmachten, dass es bei Gefahr des sonstigen Untergangs nicht mehr genügte, sich nur noch irgendwie selbst mitzumachen, sondern dass jetzt doch Entscheidungen getroffen werden müssten, die einer europäischen Gemeinschaftspolitik mehr Möglichkeiten geben, einer Gemeinschaftspolitik, die von den Mitgliedstaaten blockiert worden war, weil sie darin einen zu weit gehenden Eingriff in nationale Souveränitätsrechte gesehen hatten.

Die Finanzkrise, die Haushalts- und Schuldenkrise einiger EU-Mitgliedstaaten, vor allem Griechenlands, die sogenannte Flüchtlingskrise, dann noch die Corona-Pandemie, der russische Aggressionskrieg gegen die Ukraine – und, wie man immer wieder betont, gegen die »europäischen Werte« –, die Handelskrise durch die Unterbrechung der Lieferketten, die Energiekrise, die noch bis vor Kurzem unvorstellbar hohe Inflation. Und zugleich, lange Zeit verdrängt oder ignoriert, aber immer dramatischer in ihren Auswirkungen sichtbar, die Klimakrise.

Konfrontiert mit all diesen Krisen – jede für sich eine große Herausforderung, sie alle zusammen eine dramatische Bedrohung – reichte es nicht mehr, den Status quo zu verwalten, sich im mühsamen Ausgleich sogenannter nationaler Interessen zu erschöpfen und dies Europapolitik zu nennen. Die EU musste sich jetzt bewegen, sich weiterentwickeln, die Möglichkeiten von Gemeinschaftspolitik ausbauen, um diese Krisen zu managen, mit denen kein einziger Mitgliedstaat bei Wahrung seiner nationalen Souveränität alleine fertigwerden könnte. Diese Krisen zeigten das Rohe, das Halbfertige, das buchstäblich Beschränkte des europäischen Projekts, mit dem die Mitgliedstaaten die längste Zeit geglaubt hatten, weiter leben zu können. Aber diese Krisen, eine nach der anderen, führten immer wieder aufs Neue vor, dass das nicht funktioniert. Zum Beispiel die globale Finanzkrise: Die Union hatte sich zu einer gemeinsamen Währung auf dem gemeinsamen Markt durchgerungen. Aber sie hatte sich nicht auf eine gemeinsame Finanzpolitik einigen können. Das hatten die nationalen Regierungen, die nationalen Finanzminister und die nationalen Parlamente, deren höchstes Gut die Budgetpolitik ist, nicht zugelassen. Die heilige nationale Souveränität.

Die Flüchtlingskrise: Die Union hatte die Binnengrenzen im Schengenraum abgeschafft. Aber der gemeinsame Schutz der Außengrenzen konnte nicht organisiert werden, es hätte in nationale Rechte eingegriffen.

EU-Bürger haben in der ganzen Union Niederlassungsfreiheit und Arbeitserlaubnis. Aber es gibt keine europäischen Tarifverträge, kein europäisches Steuersystem, keine europäische Sozial- und Krankenversicherung. Und eine gemeinsame europäische Asyl- und Arbeitsmigrationspolitik im offenen Europa wurde von den Mitgliedstaaten blockiert. Das konnte man nationalen Wählern schon gar nicht verkaufen. Aber was ist, wenn sie trotzdem kommen, Flüchtlinge, Migranten? Dann herrscht ein Chaos, das in dieser Größenordnung nur entsteht, weil jeder Nationalstaat macht, was er will, ohne verbindliches gemeinsames Regelwerk, ohne gemeinsamen Rechtszustand in den akut wichtigen Politikfeldern.

Die Eurokrise: Auf einem gemeinsamen Markt mit gemeinsamer Währung national zu bilanzieren und Nationalökonomen zu Oberrichtern über die europäische Wirtschaftsleistung zu erklären, ist ein so grotesker Unsinn, dass die Schulden Griechenlands in der Höhe von circa drei Prozent der Wirtschaftsleistung der Eurozone beinahe zum Konkurs von Griechenland, zum Zerbrechen der Union und zum Absturz des Euro geführt hätten. Drei Prozent! Kalifornien hat vergleichbar hohe Schulden, aber den Vorschlag, Kalifornien aus der Dollar-Zone zu werfen, hat niemand gemacht.

Die Pandemie: Wie ideologisch verblendet und populistisch müssen nationale Staatenführer sein, wenn sie unbedingt in täglichen Pressekonferenzen erklären wollen, dass sie das Management der Pandemie und die Impfstoffbeschaffung besser meistern als die Regierungen der anderen europäischen Staaten, die natürlich dasselbe von sich behaupten? Der österreichische Kanzler zum Beispiel versprach vollmundig, in Österreich werde es viel früher als in den anderen europäischen Staaten Impfungen geben, da sein guter Freund Putin den »Sputnik«-Impfstoff liefern werde – der nie ankam.

Gesundheitspolitik war keine Kompetenz, die die Mitgliedstaaten der EU übertragen wollten. Aber welchem EU-Bürger ist damit gedient, dass seine Gesundheit zum Spielball nationaler Konkurrenz wird? Und ist einem denkenden Gemüt einsichtig zu machen, dass innerhalb Europas von manchen Staaten wegen der Pandemie die Grenzen geschlossen und Grenzkontrollen eingeführt wurden, als könnte man ein Virus an nationalen Schlagbäumen aufhalten? Und wem ist damit wirklich gedient, wenn eine der großen Errungenschaften der europäischen Gemeinschaftspolitik, der freie Schengenraum, infrage gestellt und zurückgebaut wird?

Das alles wurde schmerzhaft klar, so mancher nationale Politiker musste schließlich über seinen Schatten springen, diesen langen Schatten aus finsteren Zeiten, und die Union konnte weiter reichende Gemeinschaftsentscheidungen treffen, die davor undenkbar gewesen waren, zum Beispiel über die gemeinsame Beschaffung und Verteilung von Impfstoff.

In der sogenannten Schuldenpolitik stimmten Mitgliedstaaten, die strikt gegen Eurobonds gewesen waren, bei Gefahr des sonstigen Untergangs zu, erstmals gemeinsame Schulden aufzunehmen, was der Beginn einer gemeinsamen Finanzpolitik der Eurozone sein könnte.

Der russische Angriff auf die Ukraine hat dazu geführt, dass endlich über eine gemeinsame europäische Sicherheitsarchitektur diskutiert wird. Immerhin diskutiert. Die Idee, ich möchte sagen: die Einsicht in die Notwendigkeit, gibt es seit den fünfziger Jahren des vergangenen Jahrhunderts, als der französische Ministerpräsident René Pleven vorschlug, eine europäische Armee und ein europäisches Verteidigungsministerium zu schaffen. Seither gab es für diesen Plan regelmäßige Umbenennungen, aber keinen signifikanten Fortschritt in der Umsetzung, der Plan wurde höchstens von einem Regal in der Abstellkammer auf ein anderes Regal gelegt. Und die Nato-Beitritte von EU-Mitgliedstaaten schienen auch jede weitere Diskussion obsolet zu machen. Es ist, nüchtern betrachtet, schwer zu verstehen, dass sich europäische Staaten lieber unter US-Oberbefehl begeben, als ein souveränes europäisches Sicherheits- und Verteidigungssystem aufzubauen. Aber das kommt jetzt in Bewegung, zumindest können europapolitische Beobachter Bewegung unter dem Mikroskop erkennen.

Die Klimakrise: Sogar in Hinblick auf Dekarbonisierung der Industrie, Verringerung der CO_2-Emissionen und Ausstieg aus der fossilen Energie wurden Beschlüsse gefasst, die vor Kurzem noch undenkbar waren. Es ist lächerlich, aber es ist doch ein Fortschritt, dass in Europas Staaten langsam die Einsicht wächst, dass die Erderwärmung nicht an nationalen Grenzen aufgehalten oder innerhalb nationaler Grenzen gestoppt werden kann.

Ja, die Union entwickelte sich fort. Nicht so konsequent, wie es möglich gewesen wäre, nicht so radikal, wie es notwendig sein wird, aber sie entwickelte sich fort. Und so stehen wir heute da, auf halbem Weg mit halber Tat und halben Mitteln – die wir aber davor gar nicht gehabt hatten.

Das ist die gute Nachricht.

Die schlechte Nachricht ist: Die EU entwickelt sich fort.

Sie entwickelt sich weit fort vom Zauber der Anfänge, fort von den Ideen und Idealen der Gründergeneration, fort von der hellsichtigen konkreten Utopie des europäischen Einigungsprojekts, an der zunächst zäh und geduldig Schritt für Schritt gearbeitet worden war, etwa bis zum

Ende der Ära von Jacques Delors als Kommissionspräsident, und letztlich mit einem kurzen Aufflackern in der Zeit der Präsidentschaft von Jean-Claude Juncker.

Erinnern wir uns noch einmal daran, was der Plan war, um zu verstehen, wovon wir uns fort entwickeln, immer weiter fort: Nach den Erfahrungen mit den grauenhaften, verbrecherischen nationalistischen Kriegen sollte der Nationalismus überwunden werden. Es darf nicht mehr möglich sein, dass ein Land sich über andere erhebt und in »nationalem Interesse« gegen andere aufrüstet.

Der Plan, eine aufgeklärte praktische Vision, war, die Ökonomien der Staaten, die an diesem Projekt teilnehmen, so zu verflechten, dass keiner etwas gegen einen anderen unternehmen kann, ohne sich dadurch selbst zu schaden; in der Folge immer mehr nationale Souveränitätsrechte in Gemeinschaftsrecht, nationale Politiken in Gemeinschaftspolitik überzuführen und schließlich etwas völlig Neues zu schaffen, das aber der logische nächste Schritt in der Demokratiegeschichte ist, nämlich eine nachnationale europäische Demokratie.

Das geht, wie jede große Vision, nur in kleinen Schritten. Aber was möglich ist, zeigt sich, wenn man planvoll den ersten Schritt macht, bewusst den nächsten kleinen Schritt, konsequent weitere Schritte – und tatsächlich hat die Idee nach und nach zu Erfolgen geführt, die sich zu Beginn viele nicht hatten vorstellen können: von nationalen Märkten zum Binnenmarkt, von nationalen Währungen zur gemeinsamen Währung, von nationalen Grenzen zum Schengenraum, von nationalen Universitäten zum Erasmus-Programm. Und nicht zuletzt zur Entwicklung eines gemeinsamen Europäischen Parlaments.

Die Gegenwart und ihre Probleme in ihrer Gewordenheit zu begreifen, aus der Geschichte Lehren zu ziehen, davon eine pragmatische und nachhaltige Zukunftsvision abzuleiten und widersprüchliche Interessen in demokratischen Strukturen so zu vermitteln, dass ein Schritt nach dem anderen möglich wird – sollte Politik nicht grundsätzlich so funktionieren?

Durchaus. Wer will dem widersprechen?

Niemand?

Es haben sich erneut Geschichtsvergessenheit und Visionslosigkeit durchgesetzt. Warum dieser Schub der Renationalisierung, den wir gegenwärtig erleben? Selbst Länder, die als »proeuropäisch« gelten, als »Motoren« der europäischen Entwicklung, setzen verstärkt auf Renationalisierung, auf Verteidigung sogenannter »nationaler Interessen« und auf Kompromisse, die in Wahrheit Blockaden sind. Geschichte wird durch Mythen ersetzt, Lehren daraus durch Parolen und Phrasen, und Visionen sind nichts anderes mehr als rückwärtsgewandte Chimären von nationaler Identität und Souveränität.

Warum dieser Rückschritt? Warum gibt es keinen Kommissionspräsidenten mehr wie Jacques Delors, keine Parlamentspräsidentin wie die Auschwitz-Überlebende und konsequente Kämpferin für die europäische Integration Simone Veil? Warum keine europäischen Staatenführer, die bereit sind, hilflose nationale Souveränität zugunsten eines starken souveränen demokratischen Europa aufzugeben, wie es das Gebot der Stunde wäre? Bei europäischer Finanz- und Sozialpolitik, Verteidigungs- und Sicherheitspolitik, vor allem bei Energie- und Umweltpolitik? Bei allen großen Fragen, die im gleichen Interesse aller europäischen Bürgerinnen und Bürger sind? Warum verstehen demokratisch gewählte Staatenführer und viele ihrer Wähler nicht, dass es in einem demokratischen Europa um die Souveränität der Bürger geht, und nicht um die Souveränität von Nationen? Jeder hantiert mit Begriffen einer alten Welt, unbrauchbar zur Bewältigung gegenwärtiger Krisen und unbrauchbar für die Gestaltung der Zukunft: Wachstum, Standort, Konkurrenz, nationale Interessen, nationaler Haushalt … – und jeder will das seine, am Schluss haben wir alle nichts. Sie halten sich für Realisten, für Pragmatiker, aber sie sind Geschichtsleugner und Totengräber der Zukunft. Realisten und Pragmatiker waren die Männer und Frauen, die das Fundament für ein gemeinsames Europa gelegt haben, in Kenntnis der Geschichte, im Bewusstsein der Gewordenheit ihrer Zeitgenossenschaft und mit einer nachhaltigen Vision.

»Niemals vergessen!« ist heute eine Phrase geworden, und so müssen wir daran erinnern, was wir vergessen, auch wenn wir »Niemals vergessen!« sagen.

Die beiden Weltkriege waren zunächst europäische Bürgerkriege. Davor gab es ein Europa, in dem »Ausland«, wie Heinrich Mann schrieb, »bloß eine Redensart« war. Nationale Pässe, wie wir sie kennen und für selbstverständlich halten, wurden erst im Ersten Weltkrieg eingeführt. Und heute, in der postnationalen Friedensunion, war es noch nicht einmal möglich, statt dieser nationalen Kriegspässe einen Europäischen Pass einzuführen.

Das alte Europa – ich will es nicht idealisieren, aber ich finde, wir können doch einiges für die Zukunft lernen, wenn wir uns vergegenwärtigen, wie »die Welt von Gestern«, wesentlich die Habsburgermonarchie organisiert war, welche Möglichkeiten sie bereits bot und welche Probleme sie hatte, die schließlich zu ihrem Zusammenbruch führten.

Die Habsburgermonarchie war ein sogenannter Vielvölkerstaat, ohne Nationsidee und ohne eine Nationswerdung zu beabsichtigen. Sie schuf einen gemeinsamen Markt, eine gemeinsame Währung, eine gemeinsame Verwaltung und einen gemeinsamen Rechtszustand. Es gab ein gemeinsames Parlament, den Reichsrat, in dem sogar Ukrainisch (Ruthenisch) gesprochen wurde. Der Zusammenbruch des Vielvölkerstaats beweist nicht, dass ein solcher nicht funktionieren kann, sondern dass er sich entwickeln muss und nicht zuschauen darf, wenn Nationalisten gegen ihn arbeiten, bis sie ihn zerstört haben. Das muss die Lehre sein. Für das neue nachnationale Europa genauso wie für die Mitgliedstaaten der EU, die heute wieder ihr Heil im Nationalismus suchen. Denn alle die kleinen Nationen, die nach dem Zusammenbruch Kakaniens gebildet wurden, erwiesen sich in der Folge als wehrlos gegenüber den sogenannten Stürmen der Geschichte, sie erlebten nichts anderes als Krieg, Bürgerkrieg, Fremdherrschaft, Misere, Terror und Willkürherrschaft. Die Nationen haben nach ihren »Siegen« die Hölle erlebt.[1]

Freiheit, Rechtszustand und wachsenden Wohlstand erlebten sie erst, als sie in die nachnationale Entwicklung der EU eintraten.

Wir sollten niemals vergessen, dass das Vorkriegseuropa und der zweite Dreißigjährige Krieg (1914-1945) die »europäische Bildung« der Generationen darstellte, die danach das Fundament des europäischen Friedensprojekts legten, weil sie die Ursachen der Zerstörung verstanden hatten. Sie sind nicht mehr unter uns. Sie haben uns ihre Leistungen vererbt, aber leider nicht ihre Einsicht, dass es keine Rückkehr in den Nationalstaat als Grundlage der politischen Organisation Europas geben darf.

Margaret Thatchers berühmte Rede 1988 vor dem Europakolleg in Brügge, in der sie die Souveränität des Verein-

1 »Es gibt keine einzige Völkerschaft oder Provinz des Habsburgischen Reiches, der das Erlangen der Unabhängigkeit nicht die Qualen gebracht hätte, wie sie von den alten Dichtern und Theologen für die Verdammten der Hölle vorgesehen sind.« (Winston Churchill, *Der Zweite Weltkrieg*, Erster Band: *Der Sturm zieht auf*, Hamburg: J. P. Toth Verlag 1949, S. 24).

ten Königreichs gegen eine »Dominanz Brüssels«, also gegen europäisches Gemeinschaftsrecht verteidigte, erlebten viele Europäer als kalte Dusche.[2] Aber sie führte noch nicht zu einem Bruch im Institutionengefüge der damaligen Europäischen Gemeinschaft, zu einer Umkehr der integrativen Entwicklung (Jacques Delors war noch Kommissionspräsident), sondern bloß zu einer elastischeren Interpretation der Verträge, ausschließlich in Hinblick auf das Vereinigte Königreich, das bei gemeinsamen Entscheidungen auf Opt-out-Möglichkeiten bestand und sie bekam. Thatchers Politik und nicht zuletzt ihre Begrifflichkeit, die wie Nervengift in die Köpfe zu vieler politischer Kommentatoren und ihrer Gläubigen einsickerte (zum Beispiel »Nettozahler« – darauf müssen wir noch zurückkommen), hat großen Schaden angerichtet. Allerdings zerstörte Thatcher noch nicht die Gemeinschaftsmethode, sondern setzte bloß das exklusive Recht für UK durch, dabei zu sein, aber nach Belieben nicht mitmachen zu müssen. Der große Bruch aber, das große Vergessen, der dramatische Rückschritt folgte der programmatischen Rede von Angela Merkel vor dem Europakolleg im Jahr 2010.

In dieser Rede wandte sie sich dezidiert gegen die Ge-

2 »Wir haben die Grenzen des staatlichen Einflusses in Großbritannien nicht erfolgreich zurückgedrängt, nur um zu sehen, dass sie nun auf der europäischen Ebene neu gezogen werden, mit einem europäischen Superstaat, der von Brüssel aus neue Dominanz ausübt.« (Margaret Thatcher, »Speech to the College of Europe« [20. September 1988], online verfügbar unter: {https://www.margaretthatcher.org/document/107332})

meinschaftsmethode, verteidigte generell die Souveränität der Nationalstaaten und plädierte für eine Entscheidungsfindung in europäischen Fragen durch einen Ausgleich von nationalen Interessen, durch eine Politik des kleinsten gemeinsamen Nenners. Nun ist der gemeinsame Nenner, unter der Voraussetzung der Verteidigung der Souveränität der Nationalstaaten, die Entmachtung jener, deren Aufgabe es war, die Entwicklung der europäischen Einigung weiter voranzutreiben. Das heißt, die Europäische Kommission wurde degradiert, der Rat der europäischen Staats- und Regierungschefs zur höchsten und letztentscheidenden Instanz erklärt. Das ist allerdings von den Verträgen nicht abgedeckt. Der Europäische Rat beansprucht nun eine Funktion, die ihm in den Verträgen, konkret Artikel 15(1) EUV, untersagt ist: die eines Supergesetzgebers, wobei dieser »Supergesetzgeber« zu einem Forum der Blockade oder Verzögerung geworden ist, weil er sich darauf fixiert, nationale Interessen zu prüfen und zu vergleichen. Ein Europa, das sich dieser willkürlichen Organisationsform unterwirft, stellt eine Rückkehr zu einem bloßen Bund souveräner Nationen dar und basiert auf der einfachen Zusammenarbeit zwischen Staaten, *sofern diese überhaupt kooperieren wollen*. Was das heißt, führen Staaten wie Polen, Ungarn oder Österreich regelmäßig vor. Der Begriff »Zusammenarbeit« hat seither den Begriff »Integration« ersetzt. Und der Begriff »Veto« wurde zum Synonym für eine »Europapolitik«, die nur eine verantwortungslose Innenpolitik ist, die hilflos populistisch versucht, nationale Wähler bei der Stange zu halten.

Auf diese Weise wird jeder Plan der Europäischen Kommission, der eine Fortentwicklung der EU wäre, durch eine Ratsentscheidung, die eine Fortentwicklung fort vom ursprünglichen Gemeinschaftsgedanken ist, aufgehoben. Ausstieg aus der fossilen Energie? Ja, klar, aber mit der bekanntlich grünen polnischen Kohle. Und lange mit dem blutroten russischen Gas. Und mit mehr nationalen Ausnahmen als mit gemeinsamer Anstrengung. Und überhaupt dürfen Umweltstandards und dieses Gerede über Nachhaltigkeit nicht die Wettbewerbsfähigkeit gegenüber China gefährden. In diesem »Green Deal« nutzt der Dealer klassisch die Sucht seiner Konsumenten mit sehr gestrecktem Stoff aus.

Wer heute von »Standort« spricht, spricht nicht mehr von einem »Lebensort«, das ist auch so eine Fortentwicklung.

Europäische Finanzpolitik? Ja, natürlich, aber mit nationalen Kriterien, abgeleitet von Theorien, die eine nachnationale Währung noch gar nicht kannten.

Gemeinsame Sicherheitspolitik? Klar doch, aber auf dem Schoß der Nato gemäß den Interessen nationaler Rüstungskonzerne, zum Beispiel der Deutschen, die das Nato-Mitglied Griechenland gegen das Nato-Mitglied Türkei aufgerüstet haben und dann forderten, dass die griechische Regierung den Sozialstaat abbaut, um die Schulden für die Aufrüstung bezahlen zu können, worauf sich die Bürger Griechenlands zweifellos sehr sicher fühlen, während die Türkei mit Kampfjets in den griechischen Luftraum eindringt, weil sie sich durch amerikanische Militärstützpunkte wie dem auf Kreta bedroht fühlt, worauf das Außenministerium in Athen von einer »beispiellosen Verletzung der nationalen Souveränität« spricht und jetzt dringend Abfangjäger braucht, Nato-Abfangjäger gegen Nato-Flugzeuge.

In die Auseinandersetzung mit einem Aggressor von außen will die EU allerdings nicht hineingezogen werden. Das ist natürlich verständlich. Aber diese Selbstverständlichkeit ohne Plan und ohne Mittel und ohne Einigkeit ist keine Sicherheitsarchitektur, sondern ein löchriger Baldachin. Ein »Friedensprojekt«, wie die EU sich nennt, muss Frieden auf europäischem Boden verteidigen können, und ich meine damit nicht, dass die Nato-Mitglieder der europäischen Mitgliedstaaten in den Krieg gegen Russland eintreten sollen. Ich meine damit, dass es erbärmlich und – ja: furchterregend – ist, dass die EU keine Mittel und Möglichkeiten entwickelt und zur Verfügung hat, die man als *wehrhafte Friedenspolitik* bezeichnen könnte, wozu vielleicht auch wirksame Abschreckung gehört, statt ängstlich erpressbar zu sein.

Kein Krieg auf europäischem Boden? Wie lange ist der jugoslawische Bürgerkrieg her? Damals gab es als einzige Reaktion Nato-Bomben auf Belgrad, im Übrigen haben europäische Außenminister wie Hans-Dietrich Genscher oder Alois Mock händereibend und wie Karikaturen aus Karl Kraus' *Die letzten Tagen der Menschheit* (»Serbien muss sterbien!«) zugeschaut und »Hoppauf!« gerufen, als Jugoslawien in kleine Nationalstaaten zerbrach – die dann nach und nach in das nachnationale Projekt EU aufgenommen wurden. Wäre es nicht so blutig und völlig wahnsinnig gewesen, man müsste es lachhaft nennen: dass am Ende des 20. Jahrhunderts Spitzenpolitiker der nachnationalen Europäischen Friedens-Union die gewalttätige Gründung kleiner Nationalstaaten in Europa beförderten. Das ist so verrückt, man möchte zum Handke werden. Hätte man danach wenigstens über das Geschehene diskutiert, aus den so grotesken wie tragischen Fehlern gelernt und Gemeinschaftsbeschlüsse gefasst, dann wäre die EU in der heutigen Situation – ja, was? In ihrer Bestimmung vielleicht doch klarer. Es war aber nicht möglich, weil sich seither das Gewicht in der EU noch weiter zugunsten der nationalen Staats- und Regierungschefs verschoben hat.

Europäische Bürger und Bürgerinnen haben Niederlassungsfreiheit und Arbeitsbewilligung in allen Ländern der EU. Das war ein großer Fortschritt. Aber sie haben keine gemeinsame Sozialversicherung, denn es muss ja die »Einwanderung in nationale Sozialsysteme« vermieden werden. Ich spreche nicht von »Wirtschaftsflüchtlingen« aus Afrika, sondern von Europäern – Europäer sollen in Europa nicht einwandern … – das versteht nur ein Nationalist.

Die Europäer, die außerhalb ihrer Herkunftsnation in Europa arbeiten und Steuern zahlen, dürfen dort nicht wählen, zum Schutz der nationalen Demokratie. Demokratie? In manchen Ländern dürfen sie nicht einmal bei der Europawahl ihre Stimme abgeben. Dann müssen sie, um wählen zu können, »heim«reisen, wo sie nicht arbeiten und keine Steuern zahlen. Wir dürfen eine europäische Volksvertretung wählen, aber nur auf der Basis nationaler Listen.

Als Europäer kann zum Beispiel ein Österreicher in Madrid studieren. Wenn er dort eine Erasmus-Studentin aus der Tschechischen Republik kennenlernt und die beiden sich verlieben und ein Kind bekommen, dann streiten sich drei Nationen darum, wer das Kindergeld bezahlen, besser gesagt nicht bezahlen muss. Ist die Nationalität der Mutter, die Nationalität des Vaters oder die Nation des Geburtsorts maßgeblich? Wenn das Kind in die Schule kommt, ist vielleicht eine Entscheidung gefallen. Das gemeinschaftliche Europa ermöglicht bereits europäische Biographien, aber im Europa der Nationen ist eine europäische Biographie eigentlich bedrohlich.

Das Europa der »Zusammenarbeit«, wie es Angela Merkel gefordert und durchgesetzt hat, ist durch ein kompliziertes, lähmendes Ausbalancieren sogenannter nationaler Interessen vor dem Zusammenbruch bewahrt worden, das kann man eine »Leistung« nennen, aber als wir in die Phase der multiplen, sich überlappenden, bedrohlichen Krisen kamen, zeigte sich, dass genau dadurch verhindert wurde, dass dieses Europa konsequent Gemeinschaftslösungen für gemeinsame Probleme finden kann.

Ja, Europa entwickelt sich fort. Es ist heute, konfrontiert mit den multiplen Krisen, ein klein bisschen mehr möglich als vor fünfzehn Jahren, aber es entwickelt sich auch fort von seiner Idee und von der Einsicht in seine grundsätzlichen Notwendigkeiten.

Die Optimisten hoffen, dass bei Gefahr des sonstigen Untergangs die gewaltige Dynamik der gegenwärtigen Krisen Europa doch noch dazu zwingen wird, sich weiterzuentwickeln, sich seiner Idee zu besinnen und seine Versprechen einzulösen.

Die Pessimisten fürchten, dass der wütende Todestrieb der Nationalisten zu stark ist und die Widersprüche in der EU zu groß sind, so dass am Ende nur das Ende der EU stehen kann, und dann, angesichts der Trümmer und der Misere, wieder einmal das schockierte Stammeln des Satzes zu hören sein wird: »Das soll nie wieder geschehen dürfen« – der Refrain des garstig dummen politischen Lieds.

Es spielt sich alles vor unseren Augen ab.

Die russische Aggression ist eine nationalistische, die Konsequenz eines nationalen Wahns. Und wir schauen zu, wie die Ukraine durch ihre heldenhafte Gegenwehr ihrerseits in nationale Emphase gerät. Es ist eine pathologisch-pathetische, verlogene Phrase, wenn immer wieder gesagt wird, dass die Ukrainer die »europäischen Werte« verteidigen. Pathos ist ein übertrieben prächtiger, ein kitschiger Überwurf über der Realität, so dass man eventuell noch deren Konturen sieht, aber nicht mehr die ganze Wahrheit. Die Ukrainer verteidigen sich selbst, sie verteidigen sich gegen einen Aggressor, das ist verständlich und bedarf aller Hilfe und Solidarität, sie verteidigen ihre Freiheit, das ist wahr. Aber es ist unabsehbar, wie das Land schließlich politisch und gesellschaftlich organisiert sein wird. Dabei wird heute nationale Heldengeschichte geschrieben. Ein europäischer Wert?

Wie immer die Ukraine nach diesem Krieg ausschauen wird, so sie diesen Krieg als souveräner Staat in welchen Grenzen auch immer überlebt, eines ist dann sicher: Sie, die ein labiler Staat in Staatswerdung war, wird eine richtige, stolze, pathetische Nation geworden sein – das entspricht den europäischen Werten, der europäischen Idee? Und dann soll sie in die vormals nachnationale EU aufgenommen werden?

Aber vielleicht befördert die russische Aggression doch die Diskussion über eine notwendige gemeinsame Sicherheits- und Verteidigungspolitik der EU, und über diesen Umweg eine Diskussion über die grundsätzliche Notwendigkeit von Gemeinschaftspolitik statt der Verteidigung nationaler Souveränität, die, wie sich zeigt, keine Nation alleine verteidigen kann.

Ja, die EU entwickelt sich fort, das ist eine gute und

schlechte Nachricht zugleich. Es gibt allerdings, wenn wir die Gründe für Optimismus und Pessimismus abwägen, Anzeichen dafür, dass wir vorläufig zumindest eine große, schöne Hoffnung behalten dürfen, nämlich die Hoffnung, dass nicht eintreten wird, was wir befürchten müssen.

7. Ist das Glas also halb voll oder halb leer? Wie mich diese Phrase nervt! Es geht doch darum, ob wir die Möglichkeit haben, nachzuschenken!

8. Noch einmal von vorn beginnen, aber dieses Mal mit der Kultur? Es gab ja schon eine Zeit, da wurde, zumindest rückblickend, ein großer politischer Zusammenhang wesentlich als Kulturraum verstanden. Der Begriff dafür war »Mitteleuropa«.

Die tragische Geschichte dieses politisch organisierten Kulturraums ist die Geschichte eines missverstandenen Freiheitsbegriffs, der sich von der Vorstellung ableitete, dass Freiheit die Souveränität eines »Volkes« beziehungsweise einer Ethnie auf einem angestammten Territorium zur Voraussetzung hat. Diese Vorstellung war in Mittel- und Osteuropa schon damals reaktionär, als sie historisch jung war, als nationalistische Bewegungen eine neue Welt in Selbstbestimmung versprachen und machtvoll die Epoche zu prägen begannen. Die mitteleuropäische Realität, zumindest innerhalb des weiten Raums des Habsburgerreichs, befand sich nämlich, in Aufhebung klassischer dynastischer Politik, in einem Entwicklungsprozess, der die »Nationenfrage« auf eine nachgerade avantgardistische und noch heute bedenkenswerte Weise rechtlich lösen sollte: Es gab für alle »Nationen« (was damals ein Synonym für ethnische, sprachliche, religiöse und irgendwie kulturell definierbare Gruppen war) nicht nur einen gemeinsamen Rechtszustand, einen gemeinsamen Markt, eine gemeinsame Währung, eine hochentwickelte gemeinsame Verwaltung und ein gemeinsames Parlament, sondern vor allem auch ein neues Modell der Zuerkennung nationaler Souveränität: *das Statut einer Personalautonomie, anstatt der von den Nationalisten geforderten Territorialautonomie.* Das bedeutete, dass man als Individuum Staatsbürger und dabei Teil einer wie auch immer definierten Gruppe war, ohne dass die jeweilige Gruppe Anspruch auf ein bestimmtes Territorium hatte. Das Statut der Personalautonomie verlieh den Menschen im Grunde einen ähnlichen Status wie den Angehörigen von Religionsgemeinschaften, die ja auch autonome Institutionen und Einrichtungen für ihre Mitglieder haben, egal wo diese leben. Das bedient das Bedürfnis nach Zugehörigkeit zu einer bestimmten Gruppe (Identität) und sichert auch die politische Gleichberechtigung mit den Angehörigen anderer Gruppen, anderer sogenannter »Nationen«, was eine unkomplizierte, gangbare politische Lösung vor allem auch in ethnisch durchmischten Gegenden ist, wo eine territoriale Aufteilung und Grenzziehung zwischen »Nationalitäten« unmöglich wäre, ohne nicht wieder Minderheiten zu schaffen oder gar Aussiedelungen und Vertreibungen zu provozieren. Dieses System wurde zunächst in zwei Kronländern der Habsburgermonarchie eingeführt, in Mähren und in der Bukowina. In Galizien, wo es schon praktiziert wurde, sollte es 1914 offiziell Rechtsstatut werden, wozu es aber wegen des Kriegsausbruchs nicht mehr kam. Geplant war, dass es zu einem System weiterentwickelt werden sollte, das sich auf den Gesamtstaat übertragen ließ.

Dieses altösterreichische Rechtsstatut, von den bedeutendsten Staatrechtlern dieser Zeit diskutiert und weitergedacht, ist als Idee noch heute avantgardistisch, wenn man bedenkt, dass man in der Europäischen Union eine *European citizenship* nur auf der Basis des nationalen Passes eines Mitgliedstaats haben kann, der sich über sein Territorium und seine politischen Grenzen definiert.

Die zunächst praktisch sich entwickelnde, schließlich in Gesetz gegossene Personalautonomie des Habsburgerreiches war die realpolitische Voraussetzung dafür, dass just das entstehen konnte, was rückblickend eben mit einiger Nostalgie »Kulturraum« genannt wird, nämlich ein auf dem Zusammenleben verschiedener Sprachgruppen und ihrer Kulturen, ihrem Austausch und zum Teil ihrer Verschmelzung basierender Geist, der den Alltag der Menschen ebenso durchwehte, wie er sich in den bedeutendsten kulturellen Leistungen dieser Zeit ausdrückte, ja sie ermöglichte.

Diese Realität mit ihrem kulturellen, künstlerischen und wissenschaftlichen Reichtum auf der Grundlage der politischen Gleichberechtigung der »Identitäten« ist auf halbem Wege stecken geblieben und wurde von den Nationalisten in die Luft gesprengt. Und niemand, der die Frage gestellt hat, warum ein Lehrer oder ein Kutscher bzw. Taxifahrer oder ein Bauer oder ein Fabrikarbeiter aufgrund seiner Nationalität zum Beispiel mit der Gattin eines Fabrikbesitzers derselben Nation mehr gemeinsam haben soll als mit Lehrern oder Taxifahrern etc. anderer Nationen, hat von den Nationalisten je eine Antwort bekommen können.

Die Nationalisten bildeten also ihre kleinen Nationen und waren daraufhin hilflos und schutzlos den weltpolitischen Stürmen ausgeliefert: Kriege, ethnische Säuberungen, Besatzung, Verbrechen gegen die Menschlichkeit, Diktaturen, Elend und Misere, das war das Schicksal der mittel- und osteuropäischen Nationen nach 1918, sie konnten weder Demokratie entwickeln (mit einer Ausnahme, die aber nur ganz kurz währte: der ersten Tschechoslowakischen Republik) noch ihre Souveränität und Freiheit verteidigen und Frieden sichern. Nur darin erwies sich die Nation als »Schicksalsgemeinschaft«.

Es stimmt schon, dass es zwischen den Völkern der Habsburgermonarchie Hierarchien gab, manche sich benachteiligt fühlten gegenüber den bevorzugten Nationalitäten der Ungarn und Deutschen (auch sind sie nicht freiwillig beigetreten, was ein großer Unterschied zur Europäischen Union ist), aber der gemeinsame Rechtsrahmen, das föderale System und die Idee der Personalautonomie hätten eine Perspektive auf Souveränität und Freiheit eröffnet, die die Nationalstaaten, die aus der Habsburgermonarchie hervorgingen, nicht einlösen konnten – abgesehen vom Treppenwitz der Geschichte, dass einige dieser Nationalstaaten selbst wieder mehrsprachige »Vielvölkerstaaten« waren, wie zum Beispiel die Tschechoslowakei oder Rumänien. So wurden Menschen, die zuvor Bürgerrechte besaßen, zu verfolgten Minderheiten.

Ich bin in der Zweiten Republik Österreich mit dem historischen Verdikt aufgewachsen, dass das alte Österreich, die Habsburgermonarchie, ein »Völkerkerker« gewesen sei. Dass ich diesen Begriff lange nicht hinterfragt habe, ist erstaunlich. Denn ich merkte – oder zumindest spürte ich doch –, wie sehr Österreich seiner verlorenen Größe nachtrauerte, wie heftig der Phantomschmerz Wiens war, dieser prächtigen, für den jetzt so kleinen Staat aber unverhältnismäßig großen Metropole, die bald als »Wasserkopf« verspottet wurde. Natürlich spürte ich die Wehmut, nicht nur von den Großeltern, sie lag in der Luft und sie zeigte sich im Stolz auf die Fassaden der inneren Stadt Wiens, Stolz auf imperiale Kulissen, als würde deren glanzvolle Größe die eigentliche Identität der kleinen Republik ausdrücken. Selbst als Österreich beschloss, ein Haus der Geschichte der Republik zu gründen, wurde kein Neubau geplant, in kühner moderner Architektur, die das Vermögen und den Geist der Republik ausdrücken könnte, nein, dieses Haus der Geschichte der Republik wurde in das Stiegenhaus der Hofburg der Habsburger hineingezwängt, als ein Museum der Republik im lebendigen Gemäuer der Monarchie.

Der Stolz auf das imperiale Erbe, die geistlose Vermarktung des Geists des alten Wien, die Sehnsucht nach der alten Größe, dies alles scheint nicht damit zusammenzupassen, dass Österreich, die einst im Imperium dominierende Nation, die Verurteilung des Imperiums als »Völkerkerker« übernommen hat. Und doch hat es eine innere Logik, die der Mitteleuropa-Nostalgie zugrunde liegt: nämlich die völlig groteske Abspaltung der Kultur- und Geistesgeschichte von der politischen Geschichte. Mitteleuropa ist ein Begriff, der wesentlich einen *Kultur*raum bezeichnet, mit Wien als Fixpunkt, der weit in den Osten, bis nach Galizien, ausstrahlt. Und Habsburger Monarchie bezeichnet ein *politisches* Gebilde, den Vielvölkerstaat, der eben ein »Völkerkerker« gewesen sein soll. »Völkerkerker« war der Begriff der Nationalisten, letztlich der »Sieger«, die Sieger schreiben die Geschichte, und Österreich, mittlerweile selbst irgendwie ein Nationalstaat, kann der Monarchie nachtrauern und ihr Erbe als touristische Attraktion verkaufen, als Nation aber politisch das Verdikt der Nationalisten übernehmen, die die Monarchie zerstört hatten.

Doch dies sollte als Lehre der Geschichte heute klar sein: Ein supranationales Gebilde scheitert nicht daran, dass ein gemeinsamer Rechtszustand, gemeinsamer Markt, gemeinsame Währung, gemeinsame Verwaltung für verschiedene »Nationen« nicht funktionieren kann, weil die Interessen und Kulturen der verschiedenen Nationen zu unterschiedlich sind. Dass supranationale Staatlichkeit funktionieren kann, bewies ja der kulturelle und geistige Reichtum, den das historische Mitteleuropa hervorgebracht hatte, und das beweist heute in Ansätzen wieder die Europäische Union. Supranationale oder nachnationale Staatlichkeit scheitert nur an einem Problem: an den Nationalisten – deren Ideologie regelmäßig zur Spaltung von Gesellschaften, zu Feindbildern, zu Konflikten im Konkurrenzkampf der Nationen und schließlich zu den größten Menschheitsverbrechen führte. So einfach ist das, und so dumm. Ein Verblendungszusammenhang. Auch das droht die Europäische Union eventuell bald erneut zu beweisen, wenn ich an den wachsenden Nationalismus in den EU-Mitgliedstaaten denke, und an den Populismus gewisser Politiker und vor allem mitteleuropäischer Staatschefs, die die EU als »EUdSSR« bezeichnen und Brüssel als Zentrale der neuerlichen Unterwerfung und Kolonialisierung der (ost)europäischen Nationen.

Und noch etwas wundert mich heute, wenn ich daran

denke, wie selbstverständlich und unhinterfragt ich als Student und junger Erwachsener den Begriff »Völkerkerker« mit der Habsburger Monarchie assoziiert habe. So habe ich es gelernt, so wurde es immer gesagt – obwohl wir doch einen wahrhaftigen Völkerkerker vor der Haustüre hatten, der diese Bezeichnung eigentlich verdient hätte: die Union der Sozialistischen Sowjetrepubliken und ihrer Glacis-Staaten! Diese war keine Union freier Republiken, kein gemeinsamer Kulturraum, in dem Freiheit des Denkens und Forschens, Austausch und wechselseitige Befruchtung zu einer nachhaltigen Entfesselung von Kunst, Kultur und Wissenschaft führte. Der Ungarn-Aufstand 1956, der Prager Frühling 1968 wurden brutal niedergewalzt von den sowjetischen Panzern, die Populationen der Staaten hinter dem Eisernen Vorhang waren wirklich eingekerkert. Aber ich habe in diesem Zusammenhang nie den Begriff »Völkerkerker« gehört. »Völkerkerker« war eine Bezeichnung ausschließlich für die Habsburgermonarchie – über die zugleich ein Baldachin der Wehmut und Nostalgie gespannt wurde, mit dem feuchten Grinsen geschäftstüchtiger Erben, die den armen Menschen in Mitteleuropa hinter dem Eisernen Vorhang ein herablassendes Mitleid spendeten.

Kann es sein, dass ich idealisiere, was die Leistungen der Habsburgerherrschaft in Mitteleuropa betrifft? Zumindest in Hinblick auf die Rahmenbedingungen, die auf Gemeinschaftsrecht und gemeinsamer Verwaltung beruhten, und nicht darauf, ein Gemeinschaftsgefühl durch nationale Identität herzustellen? Ist dieser Gedanke nicht allzu abstrakt, gemessen an den realen Lebensbedingungen der Menschen, dem sozialen Elend, der Armut, dem Hunger, dem Analphabetismus, die das Leben in weiten Teilen der Kronländer im Osten bestimmten? Hat die Misere nicht dazu geführt, dass die Menschen, statt über »kulturellen Reichtum« zu jubeln, nicht nur nationalistischen Parolen anhingen, sondern auch mit allen Mitteln versuchten auszuwandern und ihr Glück und ein besseres Leben in der Neuen Welt, in Amerika zu suchen?

Ich finde es verrückt und historisch fahrlässig, dem alten Österreich vorzuwerfen, dass es kein entwickelter Sozialstaat war, in einer Zeit, in der ein solcher nirgends existierte. Und darüber, ob die größte und am besten organisierte Arbeiterbewegung der Welt, und das war damals die österreichische, sozialstaatliche Standards Schritt für Schritt in Europa (in allen Kronländern) durchgesetzt hätte, wenn das alte Österreich nicht von den Nationalisten zerstört worden wäre, die soziale Gerechtigkeit und sozialen Aufstieg bis hin zu kleinen individuellen Machträuschen nur den Mitgliedern der eigenen Ethnie versprachen, mit dem Ergebnis, das wir kennen, nun, darüber kann man nur mutmaßen. Aber eines ist historisch verbürgt und in diesem Zusammenhang sehr interessant: Es gab tatsächlich zwischen 1885 und 1910 massive Auswanderungswellen von Europa nach Amerika. Die größte Anzahl von »Wirtschaftsflüchtlingen«, von Auswanderern, kam allerdings nicht aus Mitteleuropa, sondern aus den westlichen Nationen, die meisten aus Deutschland, dann aus Irland, Schottland und England, aus Schweden und Italien. Nur knapp sieben Prozent aller europäischen Auswanderer kamen aus den österreichischen Kronländern.

In diesem Zusammenhang ist noch etwas interessant, und da hören wir höhnisches Gelächter in den langen Korridoren der Geschichte: die wichtigste Anlaufstelle für Auswanderer aus Mitteleuropa war die bis 1918 zur Habsburger Monarchie gehörende Stadt Auschwitz. Dort befanden sich die Geschäftsstellen von Hapag (Hamburg) und von Lloyd (Bremen), die in diesem Raum die Reise nach Amerika propagierten, organisierten und die Schiffstickets verkauften. Auschwitz war damals in Mitteleuropa das Portal für die Elenden in eine erhoffte Zukunft in der Neuen Welt. Wer damals Auschwitz sagte, dachte an ein besseres Leben, dachte an Amerika.

Nein, ich idealisiere nichts. Ich habe mir nie träumen lassen, ein Habsburg-Nostalgiker zu werden, bin auch keiner, selbst wenn ich mich jetzt beim Schreiben darüber wundere, dass ich möglicherweise diesen Eindruck mache. Ich bin in der Republik aufgewachsen, habe nie am Verlust der Habsburger Größe gelitten, sondern eher an den mentalitätsgeschichtlichen Kontinuitäten des Austrofaschismus, der immer wieder politisch auflebt, und der nur so zäh absterbenden Nazi-Mentalität, die im österreichischen Alltag noch da und dort spürbar ist. Aber ich sehe just als Republikaner die historische Vernunft in der Idee eines geeinten Europa, wie es sich mühsam, heute erneut im Kampf gegen den Nationalismus, in der Europäischen Union realisiert. Und ich sehe im seinerzeitigen Anspruch Österreich-Ungarns, eine Staatlichkeit ohne den Anspruch einer Nationsbildung zu entwickeln, eine historische Wurzel der EU, auch wenn das den Westeuropäern nicht klar sein kann.

Der oft Jean Monnet zugeschriebene Satz »Wenn ich es noch einmal machen müsste, ich würde mit der Kultur beginnen«, der in Wirklichkeit vom ehemaligen französischen Kulturminister Jack Lang stammt, mag für viele von uns plausibel und glaubwürdig klingen, aber diese Glaubwürdigkeit kommt ihm nur zu, weil es tatsächlich die Kultur war, in der sich vor 1914 in Mittel- und Osteuropa die Vernunft und Produktivität eines friedlichen Zusammenlebens der »Nationen« in einem gemeinsamen Rechtszustand nachhaltig zeigte, so eindrücklich erzählt von Stefan Zweig in *Die Welt von Gestern*. Und das ist auch der Grund dafür, dass wir »Mitteleuropa« immer mit einem »Kulturraum« assoziieren, als bräuchte es dafür nicht die progressiven politischen Rahmenbedingungen, die den Kulturraum ermöglichten, letztlich *das Statut der Personalautonomie – das die EU aufgreifen und weiterentwickeln müsste.*

Zugleich ist »Mitteleuropa« ein Begriff, der in der Zeit

des Kalten Kriegs als Utopie missbraucht wurde, als wäre die nostalgisch in Sepiafarben illustrierte *Geistesgeschichte* Mitteleuropas ein *politisches Zukunftsversprechen* für die Länder hinter dem Eisernen Vorhang unter sowjetrussischer Knute. Im Grunde wurde mit dem Verweis auf die mitteleuropäische Kultur- und Geistesgeschichte der Nachweis geführt, dass die Tschechoslowakei, Ungarn, Polen und die baltischen Staaten eigentlich zum westlichen Kulturkreis gehörten und dass sie in diesen zurückkehren würden, sobald die Sowjetunion den System-Kampf mit dem Westen verloren haben werde. Da aber niemand ernsthaft an ein Ende der Sowjetunion glaubte (man kann sagen: bis vierundzwanzig Stunden vor dem Fall der Berliner Mauer), war die vorgebliche Utopie nichts anderes als eine Phrase aus der Propaganda des Kalten Kriegs, die belegen sollte, wie illegitim die Sowjetherrschaft in den mittel- und osteuropäischen Staaten *auch aus kulturgeschichtlichen Gründen* war.

Die pragmatische Politik des Westens orientierte sich naturgemäß in keiner Weise an dieser Geschichte und ihrer vorgeblichen Perspektive, sondern praktizierte nach der Politik der Abschreckung eine Politik der Annäherung und eines Kalten-Krieg-Friedens durch Handel. Politischer Pragmatismus bedeutete schlichtweg Situationismus, ohne eine Vorstellung oder gar einen Plan dafür zu entwickeln, wenn tatsächlich eintreten sollte, was der Westen gehofft, aber selbst nicht mehr geglaubt hatte.

Und dies erklärt auch den Wutausbruch Milan Kunderas, der in seinem Essay »Un Occident kidnappé« aus dem Jahr 1983 dem Westen vorwarf, die Länder Mitteleuropas verkauft zu haben.[3] Was für die Politiker des Westens *Façon de parler* war, führte Milan Kundera damals als *existentiell* vor: Ja, die Länder Mittel- und Osteuropas gehörten natürlich zum westlichen Kulturkreis Europas, sie zu russifizieren sei *kidnapping*, sei eine Vergewaltigung, aber diese Feststellung dürfe sich nicht mit schöngeistiger Reminiszenz begnügen, sondern man müsse daraus mit aller Klarheit den Anspruch ableiten, die politische Karte Europas im Sinne der Weltaufteilung durch die damaligen Supermächte nicht zu akzeptieren, niemals. Die Europakarte wurde von Ost und West verschieden interpretiert, es kam Milan Kundera darauf an, sie zu verändern. Es ging ihm um *eine klare Abgrenzung der europäischen Kultur und Zivilisation von Russland*, das er, *nicht bloß durch den Stalinismus, sondern grundsätzlich durch Orthodoxie und durch die Tradition des asiatischen Despotismus als Gefahr und Bedrohung* sah. Kann man (oder ohne Frage: man kann) Kunderas Vision von Europa aus dem Jahr 1983 prophetisch nennen, da sie sich durch den EU-Beitritt der mittel- und osteuropäischen Staaten 2004 erfüllte? Und kann man (oder ohne Frage: man muss) seine War-

3 Milan Kundera, »Un occident kidnappé oder Die Tragödie Zentraleuropas«, in: *Kommune. Forum für Politik und Ökonomie* 2/7 (6. Juli 1984), S. 43-52.

nung vor Russland ebenfalls als prophetisch bezeichnen, als Vorwegnahme von Huntingtons *Clash of Civilizations*, der sich 2022 im Krieg Russlands gegen die Ukraine in schockierender Radikalität zeigte?

Verblüffend aus heutiger Sicht ist, dass Milan Kundera die Ukraine gar nicht zu Europa zählte, sondern Russland zugeschlagen hat, trotz Galizien und Lemberg, die wir mit und ohne Habsburg-Nostalgie geradezu als Paradigma mitteleuropäischer Kultur erinnern. Ob das damit zu tun hatte, dass Kundera daran dachte, dass Chruschtschow und Breschnew Ukrainer waren …?

Jedenfalls: Die sogenannte Osterweiterung der EU gab Kundera zunächst recht. Eine Reihe mitteleuropäischer Staaten wurde befreit vom russischen Despotismus und kehrte zurück ins westliche Europa – das aber jetzt nicht mehr so eindeutig als Kulturraum bezeichnet werden kann, sondern im Wesentlichen bloß ein gemeinsamer *Markt* geworden ist, der nun die einzige Gemeinsamkeit dieser Staaten darstellt, nachdem sie davor, ohne weiter zurückreichende Erinnerung, nur diese Gemeinsamkeit kannten: nämlich miteinander der Despotie des russischen Orbits unterworfen zu sein.

Der gemeinsame Markt alleine ist keine Wiederherstellung und schon gar keine Weiterentwicklung dessen, was Mittel- und Osteuropa historisch als gemeinsamen Raum definierte. Denn das, was wir als *Kultur* Mitteleuropas bezeichnen, ist genau dies eben nicht gewesen: der Stolz von

Ethnien auf die Nation, die ihre *Freiheit in souveräner Willkür auf einem nationalen Territorium* auslebt. Der regelmäßige Bruch des europäischen Gemeinschaftsrechts durch Staaten wie Polen oder Ungarn zeigt, wie wenig deren Rückkehr nach Europa mit einer Rückkehr Mitteleuropas zu tun hat. Man könnte ihnen Geschichtsvergessenheit vorwerfen, denn all ihre Misere, aus der sie sich nun befreit sehen, ist die Konsequenz ihres nationalistischen Furors am Beginn des furchtbaren 20. Jahrhunderts gewesen. Und jetzt sehen wir ihren Jetzt-erst-recht-Nationalismus. Allerdings ist es eben nicht Geschichtsvergessenheit, sondern Referenz auf eine ganz andere Geschichte, die ich als blinden Spiegel des Ersten Weltkriegs, als den völkerrechtlichen Sündenfall des 20. Jahrhunderts bezeichnen muss. Nämlich Woodrow Wilsons Doktrin des »Selbstbestimmungsrechts der Völker«, die ins Völkerrecht Eingang fand und zu einem Grundaxiom der Charta der Vereinten Nationen wurde. Diese Doktrin geht davon aus (und kann gar nicht anders gedacht werden), dass es Ethnien gibt, die den Anspruch auf ein bestimmtes, klar definiertes Territorium haben. Das ist natürlich verrückt, völlig weltfremd und in schlichter Konsequenz unmenschlich, wenn wir an das historische Mitteleuropa denken. Wer Ethnie und Territorium zusammendenkt, befürwortet nolens volens ethnische Säuberungen auf einem bestimmten Territorium, Umsiedelungen, die Überhöhung der eigenen Idee von sich selbst und das Schüren von Konflikten gegen andere, gegen innere und äußere Feinde, nicht zuletzt Terror gegen Minderheiten, aber auch gegen Kritiker der nationalen Mythen, nicht zuletzt mythischen Überhöhungen eines »Kernlands« oder eines »angestammten Gebiets« außerhalb der aktuellen Staatsgrenzen. Das ist ja der Grund, warum Lenin und Stalin so leichten Herzens dieser Doktrin zustimmen konnten. Und damit wird heute begründet, dass die Gleichheit und Freiheit und der Anspruch auf Frieden und Würde der Menschen dann nicht gilt, wenn »nationale Interessen« dagegenstehen.

Nationale Interessen sind immer die Interessen nationaler Eliten. Freiheit ist nicht garantiert durch das Völkerrecht, das nicht nach Gerechtigkeit, geschweige denn Vernunft fragt, sondern ist abhängig von den Interessen von Mächten. Die Kurden, nur zum Beispiel, sind kein Volk? Sie leben nicht auf einem klar definierbaren Territorium? Warum gilt für sie das Selbstbestimmungsrecht der Völker nicht?

Selbstverständlich wissen wir, warum. Weil ein Teil des kurdischen Territoriums in der Türkei liegt. Das Selbstbestimmungsrecht der Kurden würde also Ansprüche auf Territorium einer bestehenden und anerkannten Nation begründen, bestehende nationale Grenzen infrage stellen, was natürlich nicht sein darf, schon gar nicht, wenn sich die Ansprüche auf Selbstbestimmung gegen ein Nato-Mitglied richten.

Nationalismus ist immer noch die Grundlage des Völkerrechts, obwohl uns zumindest in Europa mit der EU schon die Überwindung des Nationalismus versprochen war. Stattdessen wurde mit der Befreiung Mitteleuropas nur der alte destruktive Nationalismus wiederbelebt und aufgepäppelt.

Die Zerschlagung Jugoslawiens im nationalen Furor hat Opfer produziert, Blut, Schmerzen, Tränen und Hass. So stellt sich der Nationalist seine Souveränität vor? Und wem hat es genützt, wen hat es wovon befreit, dass Tschechen und Slowaken noch dringend je eigene Nationalstaaten gründen mussten, bevor sie in die EU eintraten?

Kein denkendes Gemüt kann das wirklich verstehen.

Ich finde, dass das Völkerrecht eine Farce ist. Schon deshalb, weil es *Völker*recht heißt. Es schützt nicht die Interessen von Menschen, sondern von Mächten und nationalen Eliten, die sich völkische Repräsentanz anmaßen, Pars pro totalitär.

Internationales oder globales Recht muss auf dem *Menschenrecht* aufgebaut werden.[4]

Russland, mittlerweile schon lange nicht mehr Sowjetunion, zeigt heute das Gesicht, das Milan Kundera vor vierzig Jahren, in Sowjetzeiten, bereits als grundsätzlich russisch beschrieben hatte. Heute muss selbstverständlich klar sein, was damals in der Frontstellung zwischen West und

4 Sehr interessant dazu: Philippe Sands, *Rückkehr nach Lemberg. Über die Ursprünge von Genozid und Verbrechen gegen die Menschlichkeit*, Frankfurt am Main: Fischer 2019.

Ost nicht extra betont werden musste: dass man ein »Volk« nicht in die Geiselhaft von Systemkritik nehmen dürfe. Also: Ja, es ist klar, nicht alle Russen sind so. Wir differenzieren. Wir lieben russische Kulturleistungen, wir bewundern die mutigen Menschen, die Kritik üben und Widerstand leisten gegen das Putin-Regime, aber hier geht es nicht darum, differenziert über Russen zu reden, sondern um die Abgrenzung Europas vom russischen Imperialismus, vom Zarenreich über die Sowjetunion bis zum Russland Putins.

Mitteleuropa wurde aus russischer Herrschaft befreit. Russische Glacis-Staaten wurden Mitglieder der EU und der Nato. Aber die Osterweiterung der EU war keine Eingemeindung Mitteleuropas und seiner Kultur, seiner historischen Erfahrung mit Transnationalität und Personalautonomie, keine Korrektur eines Abwegs der Geschichte, sondern nur eine befreite Anfeuerung des Nationalismus, eine Destruktion des Anspruchs, dass europäische Geschichte – und ja: europäische Kultur! – nicht mehr auf eine Kombination von Nationalgeschichten reduziert wird. Die sogenannte Osterweiterung war in Wahrheit eine Westerweiterung im Osten.

Mitteleuropa wurde nach dem Ende der Sowjetunion ein zweites Mal gekidnappt: von den kulturlosen Fürsten des Neoliberalismus und den Hohepriestern der reinen Transzendenz der Marktgläubigkeit, repräsentiert von den Zombies des Nationalismus. Und sie, wie wir alle, sind fassungs- und verständnislos angesichts der brutalen Aggression Russlands, das in der Ukraine Territorium erobern will, das es als sein »Kernland« bezeichnet.

Es ist ein Verbrechen, es ist abscheulich – aber es ist im »Kampf der Kulturen« die gemeinsame Schnittmenge von europäischer Geschichte (mit ihren nationalistischen Kriegen und buchstäblich verrückten Grenzziehungen und der regelmäßigen pragmatischen Anerkennung der politischen Folgen von Willkür und Gewalt) und russischem Anspruch auf Geschichtskorrektur. Wir erleben die Fassungslosigkeit kleiner Nationalisten gegenüber der Aggression eines großen Nationalisten. Und ich befürchte eben, dass der Heldenmut der Ukrainer, die ihr Land verteidigen, auch deren Nationalismus ins Unermessliche steigern wird. Es wird der definitive nationalistische Deckel auf dem einst polyglotten, multiethnischen, supranationalen *melting pot* Galizien sein.

Milan Kundera streicht in seinem Essay die besondere Bedeutung des jüdischen Geists für die Entwicklung des mitteleuropäischen Kulturraums hervor: »[A]ufgewachsen in einem quasi über den nationalen Streitigkeiten stehenden Geiste, waren die Juden im 20. Jahrhundert das wesentliche kosmopolitische und integrative Element Mitteleuropas, sein intellektueller Kitt, die Verdichtung seines Esprits, die Schöpfer seiner geistigen Einheit.«[5]

5 Kundera, »Un occident kidnappé«, a. a. O., S. 49.

Das erinnert natürlich daran, dass bei aller historischen Wehmut über das Schicksal Mitteleuropas und bei aller sachlichen Reflexion der geschichtlichen Entwicklung dieses Raums dies klar sein muss: Nach dem Holocaust kann Europa wahrscheinlich nie mehr werden, was in ihm angelegt gewesen war.

In dem Theaterstück »Dritter November 1918« von Franz Theodor Csokor gibt es eine berührende Szene, die das Verhängnis Europas verdichtet. Der Krieg ist zu Ende, der Oberst einer Einheit der k. u. k. Armee, der sich weigert, das Ende der österreichischen Monarchie und die neuen Grenzen anzuerkennen, begeht Selbstmord. Seine Soldaten und Offiziere erweisen ihm die letzte Ehre, treten an das offene Grab, und plötzlich bricht der Nationalismus aus ihnen hervor: Jeder dieser österreichischen Soldaten wirft eine kleine Schaufel Erde auf den Sarg. Einer mit den Worten: *Erde aus Ungarn*, der nächste: *Erde aus Polen*, der nächste: *slowenische Erde*, und so weiter, *tschechische Erde*, *italienische Erde*, es ist natürlich immer Erde aus demselben Aushub, bis schließlich der jüdische Regimentsarzt an das Grab tritt, und nur er sagt: *Erde aus Österreich.*

Das war das Begräbnis Mitteleuropas.

Was sagt es aus, dass das im Krieg zerstörte Wiener Burgtheater anlässlich seiner Wiedereröffnung 1955 – dem Jahr, in dem das kleine Österreich mit der Unterzeichnung des Staatsvertrags seine Souveränität erlangte – Grillparzers

König Ottokar als großes Nationaltheater inszenierte? Das Stück basiert auf dem Sieg Rudolfs von Habsburg gegen Ottokar von Böhmen und enthält den in Österreich berühmten Monolog »Lob auf Österreich«, der die Unterschiede zwischen österreichischer und deutscher Mentalität auflistet und den ich als Gymnasiast noch auswendig lernen musste. Damit das klar war: Wir sind keine Slawen, und wir sind auch anders als die Deutschen, wir sind jetzt eine ganz eigene Nation. Ausgerechnet auf dem Humus des glorreichen Vielvölkerstaats.

Währenddessen passierte in den mitteleuropäischen Städten ein demographisches Wunder: Trotz der Massenvernichtung von Juden hatten die Städte jetzt wieder die fast exakt gleiche Bevölkerungsanzahl wie zuvor. Wer hat die Plätze der vernichteten oder vertriebenen Juden eingenommen? In der Literatur heißt das »Zuzug«. Es waren vor allem Bauern, die nun die Perspektive hatten, in der Stadt ihr Glück zu machen. Es war die Zeit, da Kühe in Hinterhöfen und Ziegen auf Balkonen gehalten wurden. Das war die neue Symbiose zwischen Landbevölkerung und Stadt. Man soll sich darüber nicht lustig machen und schon gar nicht Verachtung zeigen. Es ist einfach ein Symptom von Realgeschichte. Und man kann verstehen, warum die Enkel und Urenkel, mittlerweile Ärzte, Juristen, Manager, Fernsehnachrichten-Redakteure, einem System dankbar sind, das auf »die eigenen Leute« schaut.

Die Automobilindustrie in Böhmen, die Erdölindustrie

in Ostgalizien, ein hochentwickeltes Eisenbahnnetz, das wichtige europäische Städte wie Wien, Prag, Bratislava, Budapest, Triest, Krakau zum Teil besser und schneller verband, als es heute der Fall ist – es stimmt nicht, dass die Regionen Mitteleuropas rückständig waren. Aber wenn heute etwas geschichtlich Abgesunkenes egal geworden ist, dann dies. Es ist aufgehoben in der Infrastrukturförderung und Standortpolitik der EU. Was jedoch schmerzt, ist, dass im vereinten und sich bitte tunlichst wirklich vereinigenden Europa die Multiethnizität Mitteleuropas und deren Kultur nicht einmal mehr zu Nostalgie taugt.

Ich bin Mitteleuropäer. Ich bin jüdisch heimatlos in meiner Heimat.

Nein, das ist zu pathetisch. Ich bleibe dabei: Ich bin Wiener und Europäer. Und verzweifelt wegen des Zombie-Tanzes der Geschichte.

9. Mit Kultur beginnen. Das tun tatsächlich die europäischen (Post-)Faschisten, die Nationalisten, die Illiberalen, wenn sie an die Macht kommen. Dann beginnen sie sofort einen Kulturkampf im Namen einer »authentischen nationalen Leitkultur«, sie bekämpfen Einwanderer mit ihren fremden Kulturen, sie säubern die Medien und bringen sie unter ihre Kontrolle zur Herstellung kultureller Hegemonie, sie schreiben Schulbücher um, sie beschneiden Frauenrechte, kriminalisieren Homosexuelle und alle, die keinen

Platz haben in ihrem völkisch manichäischen Weltbild, sie bedrohen und verfolgen kritische Künstler und Intellektuelle, fördern sogenannte Volkskultur, sie vertreiben Wissenschaftler.

Orbán, Meloni, Kaczyński, Fico, ihr Programm ist die kulturelle Hegemonie. Und sonst: Sie können die Finanzmärkte nicht herausfordern, sie können die EU-Institutionen provozieren, sie können unter dem Beifall von Idioten die Kommission erpressen, sie können durch Vetos im Rat völlig nutzlos nationale Souveränität demonstrieren, aber realpolitisch können sie nichts durchsetzen, sie können keine der transnationalen Probleme und Krisen auch nur dem Anschein nach national lösen. Aber im nationalen Kulturkampf können sie den realen Anschein ihrer Volkskulturwelt herstellen. Dazu kommt noch ein bisschen nationale Sozialpolitik nach Gutsherrenart, auch das ist Volkskultur.

Mit Kultur beginnen? Nein danke. Der Kultur geht es gut, wenn sie nicht Partei eines Kulturkampfes sein muss, womöglich unter dem »Schutz« einer postfaschistischen Politik, die gegen alles kämpft, was sie »Dekadenz« nennt.

10. Europäische Werte. Eine Frage. Selbstbestimmungsrecht der Völker oder Menschenrechte? In China finden schwerwiegende systematische Menschenrechtsverletzungen gegen die Uiguren statt, die als »stiller Völkermord« bezeichnet werden: Mehr als eine Million Uiguren werden in 380 Arbeits- und Umerziehungslagern gefangen gehalten und gefoltert, uigurische Frauen werden zwangssterilisiert. Wie reagiert die EU? Zunächst sehr verständnisvoll, erst einmal sollte das Umfassende Investitionsabkommen ausgehandelt werden. Das sind Wirtschaftsinteressen, da geht es um reale Werte. Den Linken bleibt die Moral, ihre demonstrative Solidarität mit den unterdrückten Völkern. Seltsam nur, dass die Linken am Ende immer nur ein einziges unterdrücktes Volk kennen, nämlich die Palästinenser. Uiguren aber: keine Erregung.

Eine im Juni 2022 verabschiedete Resolution des Europäischen Parlaments spricht zwar Menschenrechtsverletzungen an, vermeidet aber den Begriff »Völkermord«. Nury Turkel, ein uigurischer Jurist, Berater des US-Kongresses beim Lieferkettengesetz: »Es macht mich sprachlos, dass Europa, dieser Kontinent, der Hitler, Mussolini, Milosevic und jetzt auch Putin erlebt hat, nicht ernst nimmt, was heute in China vor sich geht.«[6]

Kann es sein, dass »die europäischen Werte« nur noch der moralisierende Überwurf über alles sind, was Werte schafft? Der große chinesische Absatzmarkt, die Seltenen Erden, die die europäische Industrie aus China bezieht?

6 Johannes Arends, »Europa nimmt diesen Genozid nicht ernst«, Interview mit Nury Turkel, in: *Kurier* (26. September 2023), S. 7.

Kann es sein, dass »Realpolitik« nur in diesem Sinn »wertebasiert« sein will?

11. Nationale Identität. Was ist das eigentlich? Wie entsteht sie? Ich weiß es nicht, aber ich bin überzeugt davon, dass es auch diejenigen nicht wissen, die glauben, eine zu haben. Dass die Population auf einem definierten Territorium den Wunsch hat, selbstbestimmt über die Modalitäten ihres Zusammenlebens zu entscheiden, ist eine republikanische Idee, aber bedingt nicht zwingend die Schaffung einer Nation. Dass die Bürgerinnen und Bürger ihre Entscheidungen souverän auf der Basis garantierter und fest geregelter politischer Partizipationsmöglichkeiten treffen wollen, ist die Idee der Demokratie, aber es ist nicht schlüssig, warum es dazu eine nationale Identität braucht. Die Gründung und Anerkennung gemeinsamer Institutionen, die bestimmte Aufgaben im Interesse der Population übernehmen und durchführen, definiert einen Staat, aber es gibt keinen überzeugenden Grund, warum dieser Staat eine Nation sein muss.

Nation ist der Begriff, der sich über die Begriffe Staat, Republik und Demokratie stülpt, als vermeintlich Gemeinsames, das alles in sich aufhebt und dabei behauptet, es erst zu legitimieren – bei Bedarf aber auch dessen Gegenteil: ein Reich, eine Diktatur, eine Monarchie.

Die Idee der Nation spaltet und bedroht, was sie unter

einem Dach zu vereinen behauptet, nämlich das Volk, weil sich Nationalisten vorbehalten zu definieren, wer dazugehört. In einer Nation kann ein Staatsbürger sehr schnell zum Staatsfeind oder Volksfeind werden, wenn er der Selbstdefinition des nationalen Volks nicht entspricht. Aber nicht nur nach innen, auch und vor allem nach außen bedeutet die Nationsidee den systematischen Bruch der Menschenrechte. Die Selbstüberhöhung und die Herrenallüren selbst der funktionalen Analphabeten einer Nation, die Menschen mit anderen Sprachen und Kulturen verachten und herabwürdigen, ist der Kern der kriminellen Energie, die im Nationsbegriff steckt.

Warum ist die Idee der Personalautonomie nicht nur nicht weiterentwickelt, sondern gar vergessen worden, welche Vorzüge in Hinblick auf Freiheit und Selbstbestimmung sie hatte, im Gegensatz zu der mit Blut und Gewalt erkämpften Territorialautonomie?

Na ja, werden Sie sagen, das ist Geschichte, aber heute … – Na, dann reden Sie einmal mit österreichischen Christdemokraten und lassen Sie sich erklären, warum rumänische oder bulgarische Frauen, die als EU-Bürgerinnen in Österreich als Pflegerinnen arbeiten und in Österreich Steuern und Sozialabgaben zahlen, weniger Kindergeld bekommen sollen als die Österreicherinnen. Für diese Frauen, die als Pflegerinnen gebraucht werden, aber aus »primitiven und armen Ländern« kommen, muss das genug sein!

Das wurde tatsächlich von der österreichischen Regierung unter dem tosenden Beifall der autochthonen Österreicher und Österreicherinnen beschlossen.

Dieses Gesetz wurde vom Europäischen Gerichtshof aufgehoben. Für Europäer ein Grund, doch noch auf Europa zu vertrauen. Für Nationalisten ein Grund mehr, auf »die EU« wütend zu sein.

12. Exkurs zum Thema: Angst/Ängste/Wut. Beginnen wir mit der Idylle. Sie soll nicht bedroht sein. Ich habe Glück. Ich habe ein kleines Haus auf dem Land, im Norden von Österreich, ganz oben, an der tschechischen Grenze. Die Region heißt Waldviertel. Vor dem Haus, nur wenige Schritte nach dem Gartentor, befindet sich ein Teich, der so groß ist, dass manche ihn See nennen. Er hat braunes, aber klares, gesundes Moorwasser, das die Haut weich macht, wenn man darin schwimmt. Manchmal hört man bis herauf zur Bank vor meinem Haus das Platschen von springenden Karpfen, in der Abenddämmerung den Choral buhlender oder laichender Frösche, ich bin kein Zoologe, ich weiß es nicht genau, aber irgendeine Funktion hat ihr Singen, das ich gerne höre, mit einer Flasche Bier von der lokalen Schremser Brauerei als Sundowner, naiv und glücklich, vor allem wenn sich die Abendsonne als roter Glitzerteppich über die Wasserfläche legt. Hinter dem Haus, keine zwei Meter hinter dem Gartenzaun, beginnt ein Wald, der in einem großen Bogen wie eine riesige Adlerschwinge schützend rund um das Grundstück liegt, ein Wald, durch den man stundenlang wandern kann, ohne einem Menschen zu begegnen.

Ich sagte schon, dass das Haus direkt an der tschechischen Grenze liegt. Und es ist für mich immer wieder aufs Neue beglückend, dass ich, wandernd oder Rad fahrend, manchmal nicht mehr weiß, ob ich noch in Österreich bin oder schon in der Tschechischen Republik. Aber das ist egal, ich befinde mich in der Europäischen Union, und das ist gut so. Der frühere Grenzstreifen, das ehemals sogenannte »Niemandsland«, ist heute ein Radwanderweg, der, obwohl dort nur Deutsch oder Tschechisch gesprochen wird, »Iron Curtain Trail« heißt. Es gibt oben im Waldviertel keinen Massentourismus, aber immer mehr Radfahrer kommen und lieben diese Strecke, diese Etappe des europäischen Radfernwegs EV13, die von der österreichischen Fremdenverkehrswerbung als besonders romantisch angepriesen wird. Romantisch, ja. Ich kann mich allerdings noch sehr deutlich an die Zeit erinnern, als es überhaupt nicht romantisch war, hier Rad zu fahren, es war schauerlich, beängstigend, es hat einem die Kehle zugeschnürt, es machte Angst, es war eine Mutprobe, wenn ich als Kind oder Jugendlicher hier entlanggeradelt bin, vorbei an Stacheldraht und an Wachtürmen, auf denen Grenzsoldaten mit Maschinengewehren standen, entlang an Zaunkorridoren, durch die scharfe Hunde kläffend rannten.

Aber das ist Geschichte, die Grenze ist fort, allerdings ist es die neuere Geschichte, dass sehr viele Bürger die Grenzen wieder zurückhaben wollen, Grenzschließungen fordern, weil sie Angst haben, ganz furchtbare Angst vor offenen Grenzen, Angst, weil es keinen Stacheldraht gibt, der ihnen mehr Schutz verspricht als alle Romantik. Und während der Corona-Krise war diese Grenze tatsächlich wieder geschlossen, weil Regierungen befürchteten, dass das Virus herüber- oder hinüberkommt.

Aber darauf wollte ich jetzt gar nicht hinaus. Ich wollte sagen, dass ich Glück habe mit meinem Haus in diesem romantischen Landstrich, Teich vor dem Haus, Wald hinter dem Haus. Ein schöner Garten mit alten Bäumen. Wenn etwas den Blick stört, das Wohlgefallen doch ein wenig irritiert, dann sind es die Mülltonnen, die mit ihren verschiedenfarbenen Deckeln ins Auge stechen, wenn man vom Haus hinunter zum Teich schaut. Natürlich sind diese Mülltonnen nützlich und notwendig, man braucht sie, aber schön sind sie nicht. Eine Freundin nannte das Bild, das man hier vor Augen hat: »Idylle mit Mülltrennung«.

Ich beschloss, mich der Gartengestaltung zu widmen.

Über das Internet bestellte ich bei einem Gärtner einen Strauch, der ideal für meine Zwecke war: Er würde nicht allzu hoch werden, sich dicht verzweigen und verbreitern und mehrmals blühen. Dieser Strauch wurde prompt geliefert, und ich pflanzte ihn so ein, dass künftig mein Blick von der Bank vor dem Haus hinunter zum Teich nicht mehr durch die Mülltonnen irritiert werden würde.

Eines Tages kam ich mit der Gießkanne zu dem Strauch und sah schon von Weitem, dass er schief stand, Triebe und Blätter hängen ließ. Schließlich musste ich mit Entsetzen feststellen, dass dieser so mühsam in den steinigen Boden (Böhmisches Granitmassiv!) eingepflanzte Strauch ausgegraben worden war, die frische lockere Erde herausgewühlt, der Wurzelballen freigelegt. Und in der Grube, an den Wurzeln der wegsinkenden Pflanze saß eine Kröte. Ich betone: Kröte. Nicht ein herziger kleiner grüner Frosch, der fröhlich quakt und an Grimms Märchen erinnert, sondern ein mehr als Männerfaust großes, hässliches, schmutzig braunes Tier, das sich in langsamem Rhythmus kontrahierte, leicht dehnte und erschlaffte. Und mich anstarrte. Ich kann es nicht beschwören, und ich will jetzt, da ich das schreibe, auch nicht Bilder von Kröten googeln, um es zu überprüfen, aber in meiner Erinnerung ist es so, dass da auf diesem Klumpen Leben mit seinen trägen peristaltischen Bewegungen zwei kleine Knopfaugen oder Augenringe waren, die mich anstarrten. Reglos, bis auf das Dehnen und Zusammenziehen des Atmens, ich dachte an angstflaches Pumpen eines Herzens, das da lag, nicht fortkonnte, nur wartete, mich anstarrend, wartend, was ich tun würde.

Ich hatte eine unfassbare Wut. Mein liebevoll gepflanzter Strauch, dessen Blüten die Welt verschönern würden, umgebracht von so einem widerwärtigen Tier.

Ich holte einen Spaten.

Ich hob die Kröte mit dem Spaten aus der Pflanzgrube heraus und legte sie daneben auf den Boden. Die Kröte machte keine Anstalten zu flüchten, wegzuspringen, sie saß einfach da und atmete. Ihr pulsierender Körper. Ich war außer mir. Dieses Ding war außer mir, aber ich dachte plötzlich, dass es etwas von mir ist, mein Herz, nein, meine innere, nun außer mir vergegenständlichte Angst, die mir da vor Augen lag, widerwärtig in Farbe und Form, ängstlich gepresst atmend, abwartend, hoffend. Hoffend? Warum hatte ich diesen Gedanken? Hoffend auf was? Auf meine Liebe oder zumindest meinen Respekt vor dem Leben, meine Empathie?

Ich war sicher, dass die Kröte Angst hatte. Sie war, aber das sage ich jetzt rückblickend, ein Sinnbild der Angst: ein erbärmliches, offen daliegendes, pochendes Herz.

Mein Widerwille und meine Wut waren so groß, dass ich mit dem Spatenblatt auf diesen Zellhaufen der Angst schlug – dann schaute ich und war entsetzt. Die Kröte schien unverletzt vor mir zu liegen, ich hatte das Gefühl gehabt, mit dem Spaten auf etwas Elastisches zu treffen, das wohl zusammengedrückt worden war, sich aber gleich wieder aufplusterte, mich anstarrte, mit unzulässiger, ja frecher Erwartung von Empathie.

Mein Grauen war nun so groß, dass ich wieder auf die Kröte einschlug, wieder und immer wieder schlug und stieß ich den Spaten auf das Tier, bis ich sicher sein konnte, dass es tot war. Ich hätte nicht für möglich gehalten, dass es einer solchen Raserei, einer so großen Anstrengung bedarf, um eine Kröte zu töten. Dann schob ich den leblosen Körper in das Pflanzloch, füllte es wieder mit Erde, die ich festtrat.

Im Spätsommer hatte der Busch erste Blüten.

Das Problem war nur, dass ich das Bild dieser Kröte, dieses gepresst angstvoll vor meinen Füßen atmenden hässlichen Herzens nicht aus meiner Erinnerung verbannen konnte. Immer wieder stand es mir plötzlich vor Augen oder drückte als mein Herz in meiner Brust.

Ich googelte alles über Kröten, ich lernte, welchen Nutzen sie haben und was der Grund dafür ist, der Sinn, dass sie sich bei Pflanzen, wo die Erde weicher und lockerer ist, Löcher und Höhlen graben. Die Angst ist eine hässliche Kröte, und wenn sie sich vermehrt, wenn sie laicht, dann tut sie das im Untergrund. Und ich erfuhr, dass sie unter Naturschutz steht, die Angst ist also gesetzlich geschützt und gefördert.

Der Begriff »Angst« hat im letzten halben Jahrhundert (das sage ich einmal so, weil ich diesen Zeitraum aufgrund meines Alters einigermaßen überblicke) einen interessanten und durchaus bedenkenswerten Bedeutungswandel erfahren. Angst bezeichnete klassisch das Gefühl, einer unklaren, einer unbenennbaren Bedrohung ausgesetzt zu sein. Ein Gefühl, das genau in dieser Bedeutung evolutionsgeschichtlich eine wichtige Funktion hatte: Sie setzte den

Körper und die Sinne in Alarmbereitschaft, sie machte den Menschen auf hochsensible Weise alert, um eine Bedrohung, die zunächst nur als Gefühl da war, dann, wenn sie sich konkret zeigt, schnell und angemessen bekämpfen zu können. Das konnte allerdings nur funktionieren, wenn die Angst nicht zu groß war und dadurch jegliche Reaktion lähmte, aber auch nicht tollkühn ausgeblendet wurde, so dass eine reale Gefahr gar nicht mehr ermessen werden konnte. Seit der griechischen Antike galt es als Allerweltsweisheit, dass es dumm ist, keine Angst zu haben, aber krank, stets in Angst zu leben, die sich nie begründet. Das ist ungefähr das Wissen, das mir vor langer Zeit im humanistischen Gymnasium vermittelt wurde, genauso wie ich damals im Deutschunterricht noch gelernt hatte, dass es ein Unterschied ist, ob man in der Dunkelheit Angst hat oder sich vor der Dunkelheit fürchtet.

Das alles mag, wie verkürzt auch immer, historisch stimmen, trifft aber meines Erachtens zeitgenössisch nicht mehr zu. Die Funktion von Angst hat sich gewandelt, und mit ihr der Gebrauch des Begriffs Angst. Oder umgekehrt: Am Wandel der Bedeutung des Begriffs Angst können oder könnten wir erkennen, dass sich die Funktion der Angst gewandelt hat. Nicht nur, dass heute Angst selbstverständlich und unwidersprochen als Synonym von Furcht verwendet wird, es hat sich im sogenannten gesellschaftlichen Diskurs vor allem auch die Verwendung des Plurals von Angst durchgesetzt, die Ängste, als könnte es eine

Mehrzahl von grundsätzlicher Unklarheit, eine Vielzahl des Gefühls einer unbenennbaren Bedrohung geben.

Aber davon müssen wir heute ausgehen. Dass es das gibt: die Ängste. Dieser Pluralismus der Angst ist sozusagen der Schatten, den unsere pluralistische Gesellschaft wirft.

Angst, als Sammelbegriff für Ängste, hat heute eine andere Bedeutung und eine andere Funktion. Und die Aufdringlichkeit dieses Phänomens hat sich in den letzten Jahren bedrohlich gesteigert. Angst ist nicht mehr die Alarmbereitschaft gegenüber einer unklaren Bedrohung, sondern gesellschaftlich die Bedrohung selbst.

Was ich beitragen kann, um dieses Phänomen, oder bleiben wir dabei: diese Bedrohung, zu diskutieren, ist auch nur, Eindrücke und damit verbundene Assoziationen zu ordnen.

Ich habe Angst.

Eine naheliegende Reaktion auf Angst ist Flucht.

Wohin flüchtet der Wiener? Ins Kaffeehaus.

Im Kaffeehaus lese ich Zeitungen, nicht nur österreichische, beängstigend in ihrer Schlichtheit, sondern auch das kluge deutsche Feuilleton. Und was lese ich da? Alles über nichts anderes als die Ängste, Reflexionen über nichts Geringeres als über unsere »Epoche der Ängste«.

Die Ängste der Menschen vor Teuerung und Abrutschen in Armut, vor Krieg, Erderwärmung und den Kosten der Energiewende, vor Migration oder gar »Bevölkerungsaustausch«, vor Klimawandel oder Ökoterror, vor der

Pandemie oder davor, dass die Pandemie nur behauptet ist und als solche einem Masterplan folgt, um Bürgerrechte und Freiheit einzuschränken, Ängste vor Islam und Terror, vor Antisemitismus oder vor den dunklen Mächten und Bedrohungen, auf die viele mit Antisemitismus reagieren, und so weiter – alle haben Angst, und es ist diese Gemeinsamkeit, die die Gesellschaft spaltet. Sag mir, ob deine Ängste auch meine Ängste sind, und ich sage dir, ob du mein Feind bist!

Mit dem klassischen Begriff von Angst, dem Alarm-Modus gegenüber einem unklaren Gefühl von Gefahr, hat das alles, wie gesagt, nichts mehr zu tun, diese gebrüllten, aggressiv skandierten Parolen, mit denen heute Angst demonstriert wird.

Beim Nachdenken über die Kröte, dieses beängstigende Bild der Angst, und über meine Reaktion auf sie ist mir etwas aufgefallen: Etwas sehr Eigentümliches: Meine Angst und meine Auseinandersetzung mit dem Angstbild waren untrennbar mit Wut verbunden. Mehr noch, es war die Wut, die zuerst da war und die Dynamik meiner Gefühle hin zu Angst und Beklommenheit ausgelöst hatte und die im buchstäblichen Niederschlagen der Angst erlöst sein wollte. Das ist mir erst nachträglich klar geworden, aber seither gehören für mich Wut und Angst zusammen, die Wut schwingt hinein in die Angst und umgekehrt, und nur gemeinsam ergeben sie das ganze Bild. Das hat mich überrascht. Denn diesen Zusammenhang habe ich, als googelnder Laie, zugleich privater Angst-Profi, in keiner wissenschaftlichen oder populärwissenschaftlichen Abhandlung gelesen. Allerdings in den Zeitungen – wenn auch nicht auf den Punkt gebracht, so doch symptomatisch. Denn wann immer über wütende Bürger berichtet wird, wenn sie auf Demonstrationen ihre *Wut* hinausbrüllen, gegen die politischen Eliten, gegen Ausländer und Flüchtlinge, gegen die EU, und wenn sie vor lauter *Wut* eine rechtsextreme Partei wählen, dann wird zugleich immer wieder gemahnt, vor allem von populistischen Politikern (es gibt kaum noch andere), man müsse die *Ängste* dieser Menschen ernst nehmen, man müsse ihre *Ängste* verstehen.

Hier werden Angst und Wut ineinander verschränkt, und ich glaube – um es gleich ganz dramatisch zu formulieren –, dass dies evolutionsgeschichtlich neu ist: die Selbstverständlichkeit, mit der Angst und Wut heute kurzgeschlossen werden. Dass Angst nicht alert macht, sondern zu Wutausbrüchen führt. Dass Angst sich nicht auf eine unklare Bedrohung bezieht, sondern in der Wut sich selbst zur Bedrohung aufwirft.

Beschäftigen wir uns also mit den Ängsten der Wütenden. Und schon merke ich, wie ich selbst wütend werde. Wütend, wenn ich eben zum Beispiel diese Politiker-Floskel lese, man müsse die Ängste der Menschen ernst nehmen. Sie wissen es (vielleicht) nicht, aber sie tun es, sie sprechen *mir* das Mensch-Sein ab. Denn mit »die Menschen« sind immer Rechtsextreme gemeint (ob sie sich selbst so bezeichnen oder nicht) und nicht Menschen wie ich. Ich teile deren Ängste nicht, ich habe andere, ganz konkret: Ich habe Angst vor diesen Menschen. Aber niemand sagt, *das* müsse man ernst nehmen, *diese* Angst müsse man verstehen. Verstanden werden soll immer nur der Wahnsinn und nicht das Gefühl, davon bedroht zu sein. Als im August 2020 in Berlin angeblich brave Bürger gemeinsam mit Neonazis demonstrierten, wurde verständnisvoll gesagt und geschrieben: Es sei eine vielfältige, bunte Mischung von Menschen aus den verschiedensten gesellschaftlichen Bereichen gewesen, und da seien, was ja schwerlich vermieden werden könne, auch einige Neonazis mitmarschiert. Ich erinnere mich so gut daran, weil mir damals zum ersten Mal auffiel, dass diese Verständnis- und Beschwichtigungsrhetorik nachgerade Mainstream im politischen Diskurs geworden war. Aber nein, es war keine bunte Vielfalt, es gab nur zwei Gruppen unter den wütenden Demonstranten mit ihren Ängsten: Neonazis und solche, die kein Problem damit haben, gemeinsam mit Neonazis zu demonstrieren. Und es mehren sich die Beispiele.

Das macht mir Angst. Und weit und breit kein Politiker, der sagt: Wir müssen die Ängste von Herrn Menasse ernst nehmen.

Da zeigt sich, grob gesagt, der Unterschied zwischen kollektiven Ängsten und individueller Angst, der Unterschied zwischen bedrohlicher Angst und Angst vor Bedrohung. Kann man das so sagen? Ich bin mir nicht sicher, zugleich ist es doch selbstverständlich, dass Ängste in einer Gesellschaft eine kritische Masse erreichen müssen, um politisch sozusagen wahrgenommen zu werden. Aber der Umgang damit ist sehr problematisch. Dieses pharisäerhafte Getue des »Ernstnehmens der Ängste der Menschen«, was beides verstärkt, deren Ängste und die Angst derer, die sich vor den Wütenden fürchten. Zugleich stellt es eine gemeinsame Schnittmenge her: Denn auch meine Angst, um die es offenbar im politischen Diskurs nicht geht, verbindet sich mit Wut.

Ich könnte das noch lange ausführen, reichlich begründen, warum zu meinem Entsetzen die Grundlage eines gedeihlichen Zusammenlebens in einer freien und aufgeklärten Gesellschaft verwüstet wird. Ängste, die sich in Wut entladen, ermöglichen keine vernünftige Gestaltung unseres gesellschaftlichen Lebens, sie halten uns nur die Scherben eines Spiegels vor.

Der Satz, dass wir erleiden müssen, was wir nicht (mehr) zu gestalten vermögen, ist die Grundlage meiner Ängste. Ich nehme mich da also selbst nicht aus.

Aber ich will da raus. Es nervt. Ich halte die Shitstorms nicht mehr aus, die Aggressionen derer, die ihre Ängste absolut setzen und in Wut und Hass erlösen wollen. Es sind ungefähr dreißig Prozent der Wähler, aber wir wissen aus der Geschichte, dass dreißig Prozent die kritische Masse darstellen, ab der eine Gesellschaft ins Rutschen kommt. Und ich habe Angst, weil ich beobachte, dass sogenannte Parteien der Mitte den Wählerstimmen dieser dreißig Prozent nachlaufen, voller Verständnis für »die Menschen«, statt, wie es mathematisch doch logisch wäre, eine Mehrheit bei den siebzig Prozent zu suchen.

Ich hatte unlängst einen Traum. Ich fand mich in einem unruhigen Schlaf in ein ungeheures Ungeziefer verwandelt, in eine Kröte? Nein, es war gepanzert, eine gepanzerte Kröte? Eher ein Käfer – der starr und voller Angst zu einer Katze aufschaute.

Was bist du für ein armseliges Tier, sagte die Katze zum Käfer. Schau mich an, wie ich hin und her rolle, sagte die Katze und rollte auf den Rücken und zurück, aber wenn du auf dem Rücken liegst, bist du verloren. Und springen, sagte die Katze, und sprang hin und her, kannst du gar nicht, nur mühsam krabbeln kannst du, erbärmlich!

Ich habe es mir nicht ausgesucht, sagte der Käfer, also ich, ich wäre lieber ein Vogel geworden, aber als ich zur Welt gekommen war und diesen Gedanken hatte, war es schon zu spät.

Vögel jage und fresse ich gern, sagte die Katze, aber Käfer mag ich nicht.

Siehst du, sagte der Käfer, der ich war, so hat alles sein Gutes!

Ich weiß nicht, wie ich diesen Traum interpretieren soll, aber auf keinen Fall akzeptiere ich den Gedanken, dass mich von meiner Angst befreien soll, was *noch* sein Gutes hat.

13. Zur Verteidigung der Nation. Ich bin kein Hellseher, ich sehe schwarz.

Es scheint nur noch dystopische Vorstellungen von der Zukunft zu geben.

Interessant und symptomatisch ist dabei Folgendes: So wie die Utopien in der zweiten Hälfte des 20. Jahrhunderts eine nachnationale Welt als Fortschritt im Geist von Frieden, Freiheit und Gerechtigkeit imaginierten, sehen die heutigen Dystopien genau darin, im Verlust souveräner nationaler Politik, in der Krise der Nation und der Erschütterung nationaler Selbstgewissheit die größte Bedrohung.

Alles ist in Gefahr: das gemütliche Gefühl von Sicherheit in einem Staat, der für Ordnung sorgt, Identität garantiert, wachsenden Wohlstand ermöglicht. Die eigene Kultur, die »Leitkultur«, wird durch »Flüchtlingswellen« gefährdet, die Muttersprache verballhornt, das nationale Sozialsystem durch »Schmarotzer« zerstört – wohin man auch kommt, überall sieht man Hängematten, es ist entsetzlich, diese vielen Hängematten, in denen diese ausländischen »Sozialschmarotzer« liegen, während die »Leistungsträger«, was ein Synonym für autochthone Menschen ist, auch wenn sie arbeitslos sind, dafür aufkommen müssen und ihren Kindern nicht mehr versprechen können, was doch ein ehernes Gesetz war, nämlich dass es ihnen dereinst besser gehen werde. So groß und vielfältig die Konsummöglichkeiten auch geworden sind, manche fürchten sie zu verlieren, und andere können sie kaum erringen, viele schränken sich ein. In der nationalökonomischen Bilanz heißt das schrumpfende Binnennachfrage und ist ein Indikator für Krise, aber das Volk hat ja gar nicht weniger Nachfrage, sondern nur weniger Mittel, das ist die Krise, das Volk wird betrogen, die Nation verraten und verkauft.

Das schürt Ängste und Wut, Aggressionen und Hass. Die wachsende Zahl der Wähler von rechtspopulistischen und rechtsextremen oder postfaschistischen oder völlig wirren sozialen nationalistischen Parteien in Europa zeigt: Die Menschen erwarten sich Erlösung von einer Restauration der Nationsidee und ihrer konsequenten, ja radikalen politischen Umsetzung. Das ist das Weltbild, mit dem sie sozialisiert wurden, die Chimäre von Realität, die sie gewohnt sind. Als lautete der erste Artikel des Grundgesetzes: »Alle Macht geht von der Gewohnheit aus.« Aber das Gewohnte, es ist das Bekannte und nicht das Erkannte. Darum wählen so viele, die sich betrogen fühlen, zu ihrer Rettung Betrüger.

Man kann natürlich sagen, dass es doch verständlich sei, wenn Menschen sich davor fürchten, etwas zu verlieren, das sie nicht nur gewohnt sind, sondern auf das sie geradezu ideologisch fixiert wurden, nämlich die Nation, und dass sie Angst vor dem Neuen, dem noch Unbegriffenen haben, das sich jetzt herausbildet und die Nationen schließlich ablösen wird. Aber ist es wirklich so verständlich, an der Idee der souveränen Nation als politisch-staatlichem Prinzip festzuhalten, ja sie geradezu als in alle Ewigkeit bestehende, vernünftigste und dem Menschen am meisten angemessene ontologische Einheit zu *empfinden*, bei allem, was wir *wissen*? Jeder weiß, dass in der Geschichte alle möglichen politischen und gesellschaftlichen Organisationsformen entstanden und unter veränderten Bedingungen wieder untergegangen sind, und jeder findet das ganz selbstverständlich. Warum aber soll ausgerechnet der Nationalstaat das Ende der Geschichte politischer und gesellschaftlicher Organisation darstellen? Weil wir mit ihm sozialisiert und weil wir ihn gewohnt sind? Das ist ein ausreichender Grund? Waren nicht alle Menschen in allen historischen Verhältnissen jeweils mit irgendeiner Ordnung sozialisiert? Hat sie das vom Untergang des je Gewohnten bewahrt? Umgekehrt: Waren Nationalstaaten jemals ein Paradies, in dem alle Probleme und Widersprüche sozial gerecht, friedlich und nachhaltig gelöst wurden? Ist das der Grund, warum sich heute die wenigsten eine nachnationale Welt vorstellen können und wollen? Im Ernst?

Kein Argument, das zur Verteidigung der Nationsidee, des Nationalstaats und nationalstaatlicher Souveränität ins Treffen geführt wird, hält unseren Erfahrungen stand, unserem Wissen und nicht einmal einem wie immer gearteten Halbwissen. In Debatten, Leserbriefen oder Postings wird immer wieder behauptet, dass es der Nationalstaat sei, der die bürgerliche Demokratie entwickelt und durchgesetzt habe, dass somit souveräne Nation und Demokratie untrennbar verbunden seien und dass nur der Nationalstaat Demokratie und Rechtszustand gewährleisten und verteidigen könne. Muss man Geschichte studiert haben, um zu wissen, dass dies faktischer Unsinn ist? Seit der Bildung der Nationalstaaten haben die Menschen über längere Zeiträume in Rechtlosigkeit, in autoritären, totalitären oder faschistischen Verhältnissen gelebt als in Freiheit und entfalteter Demokratie, haben die Nationen immer wieder weder äußeren Frieden erhalten wollen noch inneren Frieden erhalten können, ja, sie haben durch Imperialismus und Kolonialismus Rechtlosigkeit noch exportiert. Und eine von Siegermächten geschenkte Demokratie, auch wenn sie dann brav eingeübt wurde, als historisches Verdienst der Nationsidee zu bezeichnen, ist besonders schlichte Geschichtsfälschung.

Na ja, sagen dann die Nationalisten, sogar jene, die sich nie selbst als Nationalisten bezeichnen würden, aber es ist doch die Nation, die mir Heimatgefühl, Identität und Zugehörigkeit zu etwas Gemeinsamem gibt. Daran ist nur eines richtig: Heimat zu haben ist ein Menschenrecht, aber dass die Nation dies gewährleiste, ist eine Fiktion – ich habe zum Beispiel als Wiener keine Heimatgefühle in Tirol, fühle mich aber in Bratislava, Prag oder Budapest, alles Städte in der Nähe von Wien, allerdings Hauptstädte anderer Nationalstaaten, mehr zu Hause als in einem Tiroler Dorf. Und wenn ich mich wohl fühle mit Tiroler Freunden, dann ist es gewiss nicht die Tatsache, dass wir den gleichen Pass haben, die unser Zusammengehörigkeitsgefühl bewirkt. Heimatgefühl kann mit dem Lebensort zu tun haben, mit der Region, in der man aufgewachsen ist und sozialisiert wurde, Heimatgefühl kann auch dort entstehen, wo sich Perspektiven eröffnen, wo man seinen Beruf ausüben und ein freies Privatleben führen kann. Zusammengehörigkeitsgefühl entsteht zweifellos eher durch gleiche oder vergleichbare Lebensumstände, durch die Klasse und am schönsten durch das schöne menschliche Talent der Empathie, aber begründet und nachvollziehbar gewiss nicht durch den gleichen Pass. Welcher Lehrer in Wuppertal will ernsthaft behaupten, dass er nicht die geringste Gemeinsamkeit mit Lehrern in Coimbra oder in Piräus hat, dafür aber innige Solidaritätsgefühle und beglückende Gemeinsamkeiten mit einem Hedgefonds-Manager in Frankfurt?

Das alles ist so unerträglich banal, dass es bestürzend ist, in Zeiten zu leben, in denen man dies in Erinnerung rufen muss.

Aber die Nationalisten, auch diejenigen, die sich selbst nie als solche bezeichnen würden, sind mit ihren Argumenten zur Verteidigung der Nationsidee noch nicht am

Ende. Um zu beweisen, dass die Bildung von Nationen die ultimative und definitive Form der politischen und gesellschaftlichen Organisation der Menschheit ist und die Zugehörigkeit zu einer Nation ein Grundbedürfnis der Menschen, machen sie geltend, dass auch die Überwindung der Nationalstaaten nur zu einer neuen Nationsbildung führen würde – in Europa eben zu einer gesamteuropäischen Supernation, die dann aber wegen zu großer kultureller und sprachlicher und sonstiger Differenzen nicht funktionieren würde. Oder aber die Regionen würden einen Nationalismus im Kleinen entwickeln, ihre Interessen und Egoismen gegen alle anderen durchzusetzen versuchen, was aber bei der Vielzahl der Regionen nur zu noch größeren Problemen und Komplikationen führen würde. Was wäre denn gewonnen, wenn statt siebenundzwanzig nationalen Staats- und Regierungschefs vierhundert Vertreter von Regionen im Rat sitzen würden, es wäre doch alles noch komplizierter?

Wenn historische Fakten eine Ideologie widerlegen, kommen die spekulativen Behauptungen, der Exzess von »Würde«-Sätzen, aber auch diese sind widerlegbar.

Nationen sind historisch nicht dadurch entstanden, dass Regionen gleichsam Nationen in nuce waren, weil sie Interessen hatten, die sich von denen aller anderen radikal unterschieden hätten, sondern weil Regionen annektiert wurden. Bei der Bildung der spanischen Nation zum Beispiel wurden Andalusien, das Baskenland oder Katalonien einfach als Territorium einverleibt, mit Eisen, Blut und Tränen. Dabei wurde eine nationale Gemeinsamkeit ex negativo konstruiert: Ihr seid keine Juden und keine Mauren! Das hat genügt, um Juden und Mauren mit Gewalt von der Iberischen Halbinsel zu vertreiben – aber es hat nicht genügt, um der spanischen Nation wirklich zu geben, was sie als ihre Idee behauptete: Einheit und Gemeinsamkeit. Darum funktioniert sie nicht, darum zerbricht sie, darum wollen etwa die Basken und Katalanen wieder raus aus dieser Nation. Umgekehrt hat kein Baske Interesse an Territorium, in dem keine Basken leben. Und das ist der Unterschied. Regionen sind an wahrer Subsidiarität interessiert, darüber hinaus an Netzwerken, an Austausch mit anderen Regionen. Nicht an Aggression. Südtirol zum Beispiel hat seinen Wohlstand und die hohe Zufriedenheit seiner Bürgerinnen und Bürger sicherlich nicht seiner Zugehörigkeit zur italienischen Nation zu verdanken, auch nicht einer aggressiven Interessenpolitik gegen andere Regionen, sondern einfach seiner autonomen subsidiären Demokratie in einem europäischen Netzwerk, das nicht durch nationale Grenzen beschränkt ist.

Und die Gefahr einer »Supernation Europa«? Niemand will sie. Die Europäer nicht, und die auf ihre Nationalstaaten fixierten Nationalisten auch nicht. Letztere schaffen es nicht einmal, im Europäischen Parlament eine gemeinsame Fraktion zu bilden. Wie soll unter dieser Voraussetzung die EU eine Supernation werden? Wenn niemand sie will, wird sie auch nicht entstehen. Zumal die Idee des europäischen Projekts ja die Überwindung der Nationalstaaten und nicht deren Aufhebung in einer Supernation ist. An dem Argument, dass eine Supernation Europa drohe, die aber wegen der Unterschiede von Kulturen und Mentalitäten nicht funktionieren könne, ist aber Folgendes interessant: Genau dies, nämlich Kultur- und Mentalitätsunterschiede, hat die Nationalisten nie daran gehindert, ihre Nationen zu bilden, und trotz des ungebrochenen Fortwirkens mannigfacher Kultur- und Mentalitätsunterschiede innerhalb der Nationen sind sie der Meinung, dass ihre Nationen etwas völlig Natürliches seien. Man kann es drehen und wenden, wie man will: Die Argumente zur Verteidigung des Konzepts Nationalstaat sind in keinem Punkt stichhaltig.

Nein, es ist nicht verständlich, und daher auch nicht notwendig, auf die Nationalisten zuzugehen, »um die Menschen dort abzuholen, wo sie sind«, man begibt sich dadurch nur dorthin, wo sie sind, auf deren Standpunkt, und sitzt schon in der Nationalismus-Falle, produziert statt einer notwendigen und überzeugenden Europapolitik nur eine Politik der Krise der europäischen Idee. Die Krise ist mit diesem »Pragmatismus«, der in die Krise geführt hat, nicht lösbar. Und es ist verrückt, sich Erlösung von der Krise bloß vom »Wachstum« der einzelnen Nationalökonomien der Europäischen Union zu erhoffen. Es gibt in Europa keine Nationalökonomien mehr, sie haben längst schon kein Substrat in der Wirklichkeit der verflochtenen Ökonomien des Binnenmarkts und der transnationalen Wertschöpfungsketten. Im Übrigen ist »Wachstum« längst ein diskussionswürdiger Fetisch geworden, genauso wie Nationalismus. Wie kann man Wachstum zum gesellschaftlichen Desiderat erklären, wenn nur die Vermögen der Reichsten wachsen, wie kann man Wachstum ausweisen, wenn es mit immer größeren Schulden erkauft wird, wie kann man von Wachstum reden, wenn man es durch Kürzungen und Einsparungen, durch Vernichtung von Volksvermögen, durch Abbau sozialer Errungenschaften, also durch objektives Schrumpfen statistisch generieren möchte? Und selbst wenn es funktionierte, beim Wachstum wieder zuzulegen: Zu glauben, dass Marine Le Pen schnell wieder von 25 Prozent auf nur sechs oder sieben Prozent der Stimmen sinkt, nur weil Frankreich irgendwann nach nationalökonomischer Berechnung ein bis zwei Prozent mehr Wachstum produziert, ist doch naiv.

14. Das singen sie noch immer. Warum muss es in der EU, einem nachnationalen Projekt, noch unbedingt Nationalhymnen der Mitgliedstaaten geben? Man kann es als Folklore sehen, die für manche bis heute Emotionen weckt. Ich kann das sogar verstehen und will mich über diese Emotionen wahrlich nicht lustig machen, nein, nicht lustig, ich ertappe mich ja selbst dabei, ergriffen zu sein, wenn die Nationalhymne vor einem Ländermatch der österreichischen Fußballnationalmannschaft gespielt wird. Das sind eben im nachnationalen Europa die Muttermale der europäischen Nationen, auch auf meiner Seele.

Aber dennoch stelle ich die Frage, ob es in Europa heute wirklich noch sinnig, ich möchte weiter gehen: vertretbar ist, dass Folgendes mit der Hand über dem Herzen und mit Rührungstränen gesungen wird. Die folgenden Zeilen sind eine Montage aus Nationalhymnen von Mitgliedstaaten der EU und zwei Beitrittskandidaten.

Dir unser Blut, o Heimaterde!
Unzählige Kämpfer sind gefallen,
Nun ruhen ihre Gebeine,
Mutter, gib uns männliche Kraft
Ihren Weg weiter zu gehen,
Kampf und Siege führen mich
In mein Grab. Hört ihr auf den Feldern
Diese wilden Soldaten brüllen?
Sie kommen, um euren Söhnen, euren Gefährtinnen
Die Kehlen durchzuschneiden.
Jeder ist Soldat, um Euch zu bekämpfen,
Wenn sie fallen, zeugt die Erde neue,
Die bereit sind, gegen Euch zu kämpfen.
Ja, Vaterland, bist uns erstanden,
O heldenhaftes liebes Land

Aus der Väter Heldenblut!
Ja, ich kenn dich an der Klinge
Deines Schwerts, so scharf und blank!
Zu den Waffen, Bürger,
Marschieren wir, marschieren wir,
unreines Blut soll unserer Felder Furchen tränken.
Inmitten Kanonendonner und Flintenschüssen
Werden wir ein Soldatenlied singen!
Wo ist die Siegesgöttin Viktoria?
Wir sind bereit zum Tod.
Mein Schild und mein Vertrauen,
Bist Du, Gott, mein Herr.
Was uns fremde Übermacht nahm,
Werden wir uns mit dem Säbel zurückholen.
Zu den Waffen, zu den Waffen!
Über Land und über See,
Rufe es Europa, der ganzen Welt zu:
Zu den Waffen, zu den Waffen!
Gegen die Kanonen marschieren, marschieren!
Priester, geht voraus, denn unser Heer ist christlich!
Beschütze ihn mit deiner Hand,
Wenn er sich mit dem Feind schlägt.
Erwache aus deinem Schlaf des Todes!
Lieber glorreich in der Schlacht sterben!
Ja, ich will leben, ich will sterben im Norden!
Es mögen Blitze treffen
Den Feind aus hoher Wolkenbahn,

Verschwinden werden unsere Feinde
Wie Tau in der Sonne.
Dir unser Blut, o Heimaterde!
Wir sind Kinder einer kämpfenden Rasse,
So singt denn ein Soldatenlied!
Lasst uns die Reihen schließen,
Wir sind bereit zum Tod!
Söhne kühn, mögt Ihr ziehn,
Dem Feind zum Schreck, Euch zum Gewinn!
Gott selbst sagte, dass Nationen
Von der Erde verschwinden,
doch wir werden überdauern!
Dafür, dafür kämpfen wir!
Dir gehört unser Blut, Vaterland!
So lasst uns ein Soldatenlied singen!

Das ist also die ideelle Gesamthymne des Friedensprojekts EU.

15. Führ und wider. Die deutsche Nationalhymne ist nicht in obiger Montage enthalten – denn deren verfängliche erste Strophe wurde als Demonstration deutscher Zerknirschtheit wegen der Verbrechen des Nationalsozialismus gestrichen (wie auch die heute unfreiwillig komische zweite Strophe: »Deutsche Frauen, deutsche Treue«). Aber warum wurde nicht auch gleich auf die Melodie verzichtet?

Wenn die Bundesrepublik schon eine Nationalhymne unbedingt braucht, für das geläuterte Nachkriegsdeutschland, und erst recht für das vereinigte, national wiedergeborene Deutschland, warum muss es die Haydn-Melodie behalten, bei der wir das »Deutschland, Deutschland über alles« ja doch mithören, auch wenn es offiziell gestrichen ist? Ja, wir haben die Melodie mit der ersten Strophe sogar dann im Ohr, wenn wir Kommentare in manchen deutschen Zeitungen zu Außen- und Europapolitik lesen.

Ich hatte gerade erst begonnen, Material für diesen Essay zu sammeln, da las ich im Kaffeehaus in der *Süddeutschen Zeitung* einen Kommentar zur Wirtschaftspolitik der EU. Einige kluge Beobachtungen, einige berechtigte Fragen, und dann – ich dachte: Schon wieder! Bitte, nicht schon wieder! – als Antwort auf alle angeführten Probleme und alle aufgeworfenen Fragen, gewissermaßen als Resümee: »Deutschland muss seine Führungsrolle für den europäischen Fortschritt dringend ernster nehmen.«[7]

Es muss niemand erfahren, dass mir nicht nur »über alles«, sondern auch der Reim von »Wesen« und »genesen« einfiel.

Man kann das zu Jedermanns Nutzen ganz sachlich abhandeln.

Der Autor dieses Kommentars ist noch jung, vielleicht

7 Jan Diesteldorf, »Der Wettlauf. Wirtschaftspolitik der EU«, in: *Süddeutsche Zeitung* (23. März 2023), S. 4.

weiß er schlicht nicht, dass das Projekt der europäischen Einigung, das zur Europäischen Union geführt hat, auch deshalb begonnen wurde, um Deutschland in den Kreis der zivilisierten Staaten zurückzuführen, dabei aber, durch die politische und ökonomische Verflechtung mit anderen Staaten, ein für alle Mal zu verhindern, dass Deutschland jemals wieder einen Führungsanspruch in Europa stellt. Aber lernt man das nicht in der Schule? Was ich befürchte: dass der Autor dieses Kommentars, so wie die Dutzenden Autoren von Dutzenden solcher Kommentare auch, sich als Deutscher in europapolitischen Fragen unglaublich wichtig und mächtig vorkam, als Führungsnationalist. Wenn in Österreich ein Journalist in einer kleinen Meinungskolumne, die bombastisch »Leitartikel« heißt, devot dem österreichischen Kanzler recht gibt, weil dieser versprochen habe, »mehr Druck auf Brüssel« auszuüben, dann erinnert das an H.C. Artmanns Bild vom österreichischen Frosch, der sich ein Bruchband anlegt, um sich dann mächtig aufzuplustern. Das ist lächerlich und peinlich. Aber der Führungsanspruch der Bundesrepublik ist europapolitisch leider wirklich ein Problem geworden.

Warum bekommen Deutsche das Führen nicht aus ihrem Kopf, fast achtzig Jahre nach dem Krieg, aus dem Europa Lehren gezogen hat?

Und nebenbei: Wieso ist in Deutschland die Republik verschwunden? Seit der Vereinigung der Bundesrepublik Deutschland mit der Deutschen Demokratischen Republik, also seit der Vereinigung der beiden deutschen Staaten, die sich Republiken nannten, konnte offenbar dieser Begriff, links und rechts der Gleichung, gestrichen werden. Ich bin ziemlich sicher, dass in einem Kommentar wie dem zitierten vor 1989 formuliert worden wäre: »Die *Bundesrepublik* muss …«

Aber heute heißt es immer nur Deutschland, pathetisch, und fröhlich *Schland.*

Man kann darüber lächeln, es abtun, ja sicher, aber europapolitisch ist der immer wieder formulierte Satz vom Führungsanspruch Deutschlands, der manchmal ergänzt wird um Führung gemeinsam mit Frankreich, *das* Symptom für die Demokratiedefizite der Union.

Und es geht doch um ein *demokratisches* Europa. Und in diesem Zusammenhang ist es leider symptomatisch, dass deutsche Politiker und ihre Kommentatoren und Leitartikler nicht die geringste Ahnung davon zu haben scheinen, dass die Bürgerinnen und Bürger anderer Mitgliedstaaten der EU den Führungsanspruch der Bundesrepublik Deutschland, mit oder gegen die Republik Frankreich, zwar möglicherweise als Anspruch von Realpolitik, aber nie und nimmer als demokratisch anerkennen.

Darf Niemand mitbestimmen? Ich will in einem demokratischen Europa in Hinblick auf die politischen Repräsentanten und Entscheidungsträger das Wahlrecht haben. Und ich habe als Österreicher die deutsche Kanzlerin oder den deutschen Kanzler nicht wählen können, noch kann ich sie abwählen. Ich kann daher keine Entscheidungen von ihnen akzeptieren, die in mein Leben hineinwirken. Ich kann akzeptieren, wenn jemand, den ich nicht gewählt habe, der für mich aber zur Wahl stand, die Mehrheit bekommt, aber ich kann nicht akzeptieren, dass jemand Entscheidungen treffen darf, der für mich gar nicht zur Wahl stand. Stellen Sie sich vor, Sie sind Malteser oder Tscheche, Slowake, Niederländer oder Portugiese und so weiter ... Ich beobachte als Österreicher, als einer dieser Kleinstaatsbürger, wie dieses System und die deutschen Ansprüche dazu führen, dass in den Mitgliedstaaten Europapolitik immer mehr zu Anti-Europapolitik wird, das heißt zu billiger, blöder, nationalistischer Innenpolitik: *Dort*, in der EU, entscheiden andere, aber *wir* ...!

Denkt niemand in Deutschland darüber nach, wie ein *demokratisches Europa* organisiert sein müsste?

16. Der deutsche Mensch als Symptom. Es gibt einen Essay von Robert Musil aus dem Jahr 1923, mit dem Titel »Der deutsche Mensch als Symptom«.[8] In diesem Text stellt Musil den nationalen Blick infrage, also den Blick durch die nationale Brille auf nationale Eigenheiten und Besonderheiten anderer. Denn wenn man nicht von einer Rassenlehre

8 Robert Musil, »Der deutsche Mensch als Symptom« (1923), in: *Gesammelte Werke*, herausgegeben von Adolf Frisé, Band 8: *Essays und Reden*, Reinbek bei Hamburg: Rowohlt 1978, S. 1353-1400.

ausgeht, können sogenannte nationale Besonderheiten nur kulturelle Eigenheiten sein, die allerdings, so Musil, in einem höheren Sinn wiederum keine exklusiven Besonderheiten sind, weil sie sich im größeren Raum einer gemeinsamen Kultur doppelt aufheben. Das sollte heute noch klarer sein als zu Musils Zeiten. Zunächst einmal aus historischen Gründen: Ob man das Gemeinsame nun Abendland nennt, mit all den historischen Implikationen, die dieser Begriff hat, oder Europa der Aufklärung, EU oder westliche Zivilisation oder Freie Welt – es sind alles Begriffe, die doch ein konkretes gemeinsames Fundament definieren, aber im Gesamten nicht auf eine Nationsidee hinauslaufen. Weiters zeitgenössisch: durch das, was wir Zeitgeist nennen, das aber viel tiefer geht und kulturell geistig verbindender ist, als es dieser Begriff, der nach rasch wechselnden Moden und Torheiten klingt, zunächst nahelegt. Zeitgeist meint hier die Auseinandersetzung mit historisch in ihrer Form neuen Phänomenen, die noch nicht in Traditionen und verbindlichen Wertsystemen aufgehoben sind. Ob wir jetzt an die Globalisierung, die digitale Revolution, die ökologischen Probleme oder die Probleme mit den großen Migrations- und Fluchtbewegungen denken, all diese Phänomene kennen keine nationalen Grenzen und sie zwingen daher zu einer Gemeinsamkeit, die sich gegen behauptete und sich behaupten wollende nationale Besonderheiten und Sonderwege durchsetzen muss.

Ein weiterer Grund, warum Musils Essay so interessant und geradezu vorbildlich ist, ist ein Trick, den er in diesem Essay anwendet, ein typisches Romancier-Verfahren. Jeder Romanautor weiß, dass alle Figuren, die in seinem Roman auftreten, nicht nur aus Beobachtung gewonnen sein wollen, durch Typisierung verdichtet und durch Phantasie belebt – letztlich muss der Autor selbst zu jeder Figur werden, die er ins Werk setzt, um sie glaubhaft darstellen zu können. Flaubert musste Madame Bovary sein! Dieses Verfahren setzte Musil auch in seinem Essay »Der deutsche Mensch als Symptom« ein. Zu Beginn steckt Musil das Feld ab: Besonderheiten einer Ethnie, eines Volkes, einer Nation, die wiederum in sich differenzieren, nach Klasse, Geschlecht, Interessen, Stadt und Land, Religion etc., sind nur Symptome kultureller Eigenarten, die aber allesamt keine vernünftige exklusive Besonderheit einer Nation begründen, *weshalb »die Berufung auf das Nationale […] heute eine Erscheinung von geradezu ironischer Internationalität« geworden sei.*[9] Man möchte sofort hinzufügen: Heute auch, heute wieder! Und dann schrieb Musil vierzig Seiten, ohne auch nur ein einziges Mal den im Titel angekündigten »deutschen Menschen« zu erwähnen – bis er sich am Ende kurz und bündig selbst mit diesem Begriff identifiziert und plötzlich »wir deutsche Menschen« schreibt, um als ein solcher schließlich nochmals Ideolo-

9 Ebd., S. 1366.

giekritik am Nationalen zu üben: Es spalte die Massen, schrieb er, und gehe dann ins Diffuse über. Und da erst verstehen wir, warum Musils Essay ursprünglich den Titel »Der deutsche Mensch als *europäisches* Symptom« haben sollte.

Über den deutschen Menschen essayistisch reflektierend wurde der Romancier Musil also selbst zu dieser Figur und erkannte sich in diesem Typus – als Europäer!

Ich finde, das ist ein vernünftiger Ansatz: die notwendige Dekonstruktion des Nationalen als Maßstab zur Beurteilung der deutschen Entwicklung zu nehmen, und zwar nicht bloß mit dem Blick von außen auf Deutschland, sondern auch mit dem Blick des deutschen Menschen, der ich selbst bin.

Dazu muss ich eine kurze autobiographische Anekdote einfügen: Im ersten Semester meines Studiums, im Einführungsproseminar Germanistik, wurden wir Studenten gefragt, warum wir dieses Studium gewählt hätten. Einige sagten, sie wollten Lehrer werden, andere sagten, dass sie an Literatur interessiert seien, aber noch keine konkrete Berufsvorstellung hätten. Das wurde alles abgenickt, bis ich an der Reihe war. Und ich antwortete: »Ich will ein deutscher Dichter werden!« Mich wunderte das Gelächter, das ich damit auslöste. Wo sonst, als in den Heiligen Hallen der Germanistik, sollte man einen solchen Satz ganz selbstverständlich sagen können?

Ich bin damals mit einiger Naivität zwei großen Missverständnissen aufgesessen: Erstens hatte ich ernstlich gedacht, dass ich auf der Germanistik lernen könne, wie es die Dichter gemacht hatten, während ich dann natürlich rasch erfahren musste, dass man in Wahrheit hier nur lernen könne, wie es die Germanisten machen. Und zweitens war ich blauäugig der Meinung, dass die Beschäftigung mit Literatur, und sei es vor allem mit deutscher, also der Literatur in meiner Muttersprache, eine kulturelle Identität produziert oder zumindest bereichert, die nicht begrenzt und gefesselt wird durch ihre Gleichsetzung mit der Fiktion einer nationalen Identität. Die deutsche Literaturgeschichte war doch zunächst eine gigantische Anstrengung, aus zig deutschen Dialekten und Schreibweisen eine literaturfähige Sprache zu bilden, in der Folge der Anspruch, aus dieser ein Instrument der Aufklärung zu machen, mehr noch: der Menschenbildung, nämlich der Aufklärung darüber, was es bedeutet, ein Individuum zu sein, bis schließlich Goethe dekretierte, dass nun das Zeitalter der Weltliteratur begonnen habe.

Als ich mich in diesem Proseminar sozusagen als »deutschen Menschen« bezeichnete, war aber dies der Stand der Dinge: Man war in Wien kein Deutscher, mehr noch, man war tunlichst kein Deutscher – die Nazis hatten aus der schönen Metropole Wien eine deutsche Provinzstadt gemacht, und dies, sowie die Tatsache, dass die fanatische Begeisterung der Wiener für das Ostmark- und beinerschütternde deutsche Wesen dazu geführt hatte, dass ihre Stadt am Ende in rauchenden Trümmern dalag, das wurde den Deutschen nicht verziehen. Die seinerzeit jubelnden Mitläufer setzten das Verdikt durch, dass an allem auch selbstverschuldeten Verhängnis nur die Deutschen schuld seien, und ihre Kinder übernahmen damit ein Selbstverständnis, das dann zu nichts Geringerem als zu einer nationalen Identität wurde, die im Wesentlichen auf Abgrenzung von Deutschland beruhte. Sie übernahmen diese selbst dann, wenn sie, was ja schließlich auch Mainstream wurde, die mangelnde Bereitschaft des offiziellen Österreichs kritisierten, sich mit der eigenen Schuld auseinanderzusetzen.

Der schrullige Widerspruch, mit grundsätzlicher Abgrenzung von Deutschland just Germanistik zu studieren, führte dazu, dass es an österreichischen Universitäten zu einer Hochblüte der Beschäftigung mit zeitgenössischer österreichischer Literatur kam, was ironischerweise eine Art Parallelaktion war: Denn damals, in den siebziger Jahren, feierte das deutsche Feuilleton vor allem die Literatur aus Österreich, was einen der wichtigsten damaligen deutschen Kritiker und Interpreten, Ulrich Greiner, zu der Frage veranlasste, wieso das kleine Österreich so viele große deutsche Schriftsteller hervorbringe. Und später gab übrigens Marcel Reich-Ranicki eine Anthologie heraus mit dem Titel *Deutsche Erzähler des 20. Jahrhunderts. Von Arthur Schnitzler bis Robert Musil.*

Zugleich aber lehrte die damals zeitgenössische österreichische Literatur vor allem eines: Kein denkendes Gemüt kann sich mit der österreichischen Staatsdoktrin identifizieren, jeder empathiebegabte Mensch mit österreichischem Pass muss seine Seele befreien von allen verlogenen Sentimentalitäten des ach so unschuldigen österreichischen Wesens. Das heißt, gerade die Literatur österreichischer Autoren dekonstruierte so radikal wie gekonnt alles, was der Grund war, sich mit ihr zu beschäftigen.

Wahrscheinlich ist es diese Erfahrung, und dazu noch die Tatsache, dass die Blut-und-Loden-Selbstdarstellung der »Alpenrepublik« einem Städter wie mir, fernab der Alpen, Almen und Pisten, nie ein Identitätsangebot machen konnte, dass es mir leichter fällt als anderen, eben keinen nationalen Blick zu haben, dafür aber größtes Misstrauen gegenüber jeder Form des Nationalismus.

In diesem Sinn also nun mein »österreichischer Blick« auf Deutschland in Europa, nach Mauerfall und Vereinigung der beiden Deutschlands.

Der Mauerfall ist »für uns deutsche Menschen«, die ihn bewusst miterlebt hatten, das wohl wichtigste und prägendste historische Ereignis in unserer Lebenszeit, es war geradezu ein Wunschkonzert der Geschichte, von der wir uns doch wünschen, dass sie sich als Fortschritt im Geist der Freiheit erweise.

Das war viel bedeutsamer und faszinierender als die Landung von Menschen auf dem Mond, das war die Landung der Freiheit in Europa, im größten Krater unseres von den Einschlägen der Geschichte so verwüsteten und bestraften Kontinents. Ich saß damals vor dem Fernsehgerät und weinte – aus Rührung, wie ich die Menschen auf und vor der Mauer tanzen und jubeln sah, oder als ich zuschaute, wie eine alte Frau durch das Brandenburger Tor von Ost- nach West-Berlin ging. Zunächst versuchten Grenzsoldaten sie aufzuhalten, indem sie sich immer wieder vor sie stellten, mit nach vorn gestreckten Handflächen, aber sie ging unbeirrt weiter, schrie die Männer an: »Zu spät, zu spät!«, wieder stellten sich die Männer ihr in den Weg, und sie schrie »Zu spät! Zu spät!«, sie konnten sie nicht mehr aufhalten, und dann, als sie das Brandenburger Tor passierte, brandete hinter ihr der Jubel derer auf, die sich noch nicht sicher waren, ob es wirklich schon erlaubt sei und wie wohl die Soldaten reagieren würden – und dann begannen sie zu laufen!

Dass die Soldaten diese Frau zwar zu hindern versuchten, aber es nicht mehr – weil »zu spät« – wagten, Hand an sie zu legen, war für mich der Moment, in dem ich begriff, dass der Status quo, in dem ich aufgewachsen war und gelebt hatte, nun keine Handlanger mehr hatte, die ihn verteidigen konnten, dass er also zur Vorgeschichte einer neuen Zeit geworden war, und dieses »Zu spät! Zu spät!« war für mich der Beginn einer neuen Zeitrechnung. Meine Tränen vor dem Fernsehapparat waren daher nicht nur Tränen der Rührung, sondern auch des Glücks: Ich spürte etwas, das ich in meiner Lebenszeit nicht mehr erwartet hatte: dass sich versteinerte Verhältnisse, die nur Folge einer unseligen Geschichte waren, wieder in einen großen und freien Möglichkeitsraum verwandelten – die Geschichte war zurück!

Bald aber kühlte meine Begeisterung ab, ich erschrak, als deutlich wurde, dass die Öffnung der Grenze zwischen den beiden deutschen Staaten und dann ihre Vereinigung als *nationale Wiedergeburt* gefeiert wurde. Wahrscheinlich muss man das aus vielerlei Gründen verstehen, aber ganz so klar erscheint es mir doch nicht. Wenn Geschichte neu ansetzt, muss ja deswegen nicht alles vergessen werden, was zuvor als bleibende historische Erfahrung galt, und es muss nicht alles entsorgt werden, was in Konsequenz historischer Erfahrungen vernünftige Realität geworden war, nämlich: die nachnationale Entwicklung, die nach den Erfahrungen mit dem Nationalismus, vom Deutsch-Französischen Krieg bis zum Ende des Nationalsozialismus, durch das europäische Einigungsprojekt bewusst eingeleitet worden war. Kurz: Ich fand es zunehmend gespenstisch, dass Deutschland eine politische Befreiung, die Osteuropa erfasste und Auswirkungen auf ganz Europa hatte, ausgerechnet unter dem Baldachin der Nationsidee feiern wollte. Das war ein höchst problematischer Paradigmenwechsel im deutschen Selbstverständnis: von einer in Europa tunlichst sittsam integrierten Bundesrepublik, die ihre historische Verantwortung in der Mitarbeit an der Vertiefung der *europäischen* Einheit begriffen hatte, zu einem

Deutschland, das sich in *deutscher* Einheit als Führungsnation in einem Europa von verschieden tüchtigen Nationen verstehen will. Das wird außerhalb Deutschlands natürlich viel stärker so wahrgenommen als in Deutschland selbst, oder sagen wir so: Dieser Bruch in der Selbstdefinition wird in Deutschland mit einer Selbstverständlichkeit gelebt, die kaum Veranlassung sieht, ihn auch infrage zu stellen.

Man kann diese Entwicklung wohl auch als Transformation vom Verfassungspatriotismus zurück zum Patriotismus einer nationalen Wir-Gruppe beschreiben, in Abgrenzung von anderen, bis hin zu Wut auf andere. Im europäischen Kontext zeigt sich dies als Verschiebung des deutschen Anspruchs, sich als gute Europäer zu erweisen, hin zu dem Selbstgefühl, als Deutsche besser zu sein und erst dadurch eine besondere Verantwortung in Europa zu haben.

Allerdings zeigen sich in diesem Selbstbild auch Brüche. Zum Beispiel die regelmäßig wiederkehrende Klage darüber und die Kritik daran, dass es trotz enormer politischer und finanzieller Anstrengungen immer noch so große Unterschiede zwischen West- und Ostdeutschen gibt, Unterschiede in Hinblick auf Mentalität, Kultur, wirtschaftlichen Erfolg und nicht zuletzt auch in Hinblick auf politisches Bewusstsein und Wahlverhalten. Es ist, nun tatsächlich von außen betrachtet, erstaunlich, wie beharrlich dieser Diskurs über das schwierige, viel zu langsame und komplizierte Zusammenwachsen der beiden endlich vereinigten Deutschlands geführt wird, so als wäre die Vorstellung einer deutschen Einheit, wie sie hier vorausgesetzt wird, selbstverständlich und nur ihre unbefriedigende Verwirklichung ein Problem. Tatsächlich aber ist es doch umgekehrt: Nicht die Realität mit all ihren Differenzen ist das Problem, sondern das verquere Ideal einer nationalen Einheit, an dem die Realität gemessen wird. Der Anspruch, auf einem gemeinsamen Territorium nicht bloß gleiche Rahmenbedingungen für alle, sondern eine weitgehende Gleichheit der Lebensbedingungen, gleiche Mentalität, gleiche Kultur, sozusagen das Volksbewusstsein eines Volkskörpers herzustellen, war der Anspruch der Nationalstaaten in der Epoche ihrer Entstehung, dieser Anspruch ist tiefstes 19. Jahrhundert. Jeder Nationalstaat ist an diesem Anspruch gescheitert. Kein Norditaliener wird jemals so denken und leben wie ein Süditaliener, dabei ist Garibaldi schon viel früher geritten als Helmut Kohl. Was mittlerweile in allen europäischen Staaten eine Selbstverständlichkeit geworden ist, wird in Deutschland mit gleicher Symptomatik als Krise wahrgenommen und als Scheitern der nationalen politischen Eliten. Umgekehrt wird der nachnationalen Entwicklung Europas an deutschen Stammtischen genau das unterstellt, was von der eigenen Nation gefordert wird: dass es nämlich der Anspruch der EU sei, die Wahnidee von Brüsseler Bürokraten, die verschiedenen historisch gewachsenen Kulturen und Mentalitäten Europas ausradieren und zu einem Einheitsbrei machen zu wollen, in dem jeder seine jeweilige Identität verliert. Aber solches war, wie gesagt, der Anspruch von Nationalstaaten, und war nie der Anspruch des Projekts eines nachnationalen, geeinten Europa. In den Verträgen von Maastricht und Lissabon ist festgeschrieben, dass die EU die Vielfalt der europäischen Kulturen als ihren Reichtum sieht und die Einigung durch Herstellung gemeinsamer Rahmenbedingungen anstrebt, innerhalb derer jeder gemäß seiner Mentalität, Kultur und Sprache die gleichen Chancen hat, sein Glück zu suchen. Das ist der natürliche Anspruch, der einen Menschen aus dem Alentejo mit einem Menschen aus Hessen oder vom Peloponnes verbindet. Ich sehe daran nichts grundsätzlich Problematisches oder Schwieriges. Aber gehen wir jetzt kurz in die Zeit vor der Vereinigung der beiden deutschen Staaten zurück. Die alte Bundesrepublik war da schon viel weiter, viel europäischer, in dieser Frage viel zeitgenössischer und zukunftstauglicher. Hat man einem Bayern erklären müssen, dass er kein Preuße ist? Hat man je davon gehört, dass Bayern und Preußen und Schwaben, Hessen und Hanseaten dazu angehalten waren, ihre jeweiligen Einzigartigkeiten und Besonderheiten in einem allgemeinen Deutschtum aufheben zu müssen? Natürlich nicht. In der alten Bundesrepublik waren Verfassung und Rechtsstaatlichkeit das ausreichend Gemeinsame, in dessen Rahmen wirtschaftliche und kulturelle Unterschiede ganz selbstverständlich ihren Platz hatten. Das heißt, die alte Bundesrepublik war viel mehr ein Bund von Ländern als eine Nation. Genauer gesagt: ein nach 1945 nicht nur vom Nationalsozialismus, sondern überhaupt vom Nationalismus befreiter Bund, dessen fortschrittliche Staatlichkeit sich in der vernünftigen Abstraktion erwies, dass Gleichheit in Gleichheit vor dem Recht besteht und nicht in der schwärmerischen Idee einer nationalen Identität unter dem tiefen Dach einer Leitkultur. Man kann sagen, dass die Bundesrepublik nach der Staatsgründung 1949 in Hinblick auf die Überwindung des Nationalismus – zumindest im politischen Diskurs – europäische Avantgarde war. Nach der Vereinigung, durch die Emphase der »nationalen Wiedergeburt«, hat sich das gedreht, wodurch eben heute in Deutschland als Problem diskutiert wird, was doch die Qualität der alten Bundesrepublik war.

Diese innerdeutsche Auseinandersetzung mit dem neuen Nationalgefühl, die verzweifelt eine Zerrissenheit überwinden will, die zunächst doch nur Vielfalt war, produziert eben dadurch eine wirkliche Zerrissenheit, sowohl innerhalb Deutschlands als auch innerhalb der Europäischen Union.

Überdeutlich, schockierend deutlich sehen wir das beim wachsenden Zuspruch zur AfD. Der Erfolg der AfD offenbart eine Zerrissenheit der deutschen Gesellschaft, die aber doch nur die Kehrseite der Einheit ist, so wie sie vollzogen wurde, nämlich nicht als Fest wiedererstandener Freiheit, sondern als Fest der Wiederauferstehung einer vermoderten Nationsidee. Wenn die Menschen in der DDR auch skandierten: »Wir sind *ein* Volk!«, und damit ein Unrechtsregime zu Fall brachten, so hätte die Bundesrepublik doch klarstellen müssen: »*Ein* Volk Europas! Und unser Angebot und unsere gemeinsame Zukunft ist die Einigkeit in Rechtsstaatlichkeit und im Frieden Europas, und nicht nationaler Taumel!« Aber selbst aufgeklärte und politisch über jeden Verdacht erhabene Geister begaben sich fröhlich in die Nationalismusfalle und sagten Sätze, die heute noch mit Rührung zitiert werden, die aber am Ende des 20. Jahrhunderts eigentlich unfassbar waren, zum Beispiel »Jetzt wächst zusammen, was zusammengehört!« – ein Satz, den man genau so auch nach dem »Anschluss« Österreichs im Jahr 1938 sagen hätte können und der wohl auch damals gesagt worden ist.

Ich kann mich gut an die Fußballweltmeisterschaft 2006 in Deutschland erinnern, bei der der neue Nationalismus in überschäumender Fröhlichkeit noch einmal gefeiert wurde, auf eine Weise, bei der man schon absehen hätte können, wie er kippen wird. Die deutsche Öffentlichkeit, die Medien, die politischen Eliten, die Straßen, befanden sich in einem Rausch der Euphorie, weil Deutschland endlich »normal« geworden war – wobei unter »normal« verstanden wurde, dass man endlich wieder begeistert Nationalflaggen schwenken und »Deutschland! Deutschland!« brüllen durfte, ohne dass man deswegen abschätzig unter Nationalismusverdacht kam. Aber das bedeutete nur: Nationalismus stand nicht mehr unter Verdacht.

Na und, könnte man sagen, ist das bei einer Fußballweltmeisterschaft nicht tatsächlich normal? Nein, denn die Emphase galt nicht oder nicht nur dem deutschen Nationalteam, sondern dem Deutsch-Sein selbst, der Verzückung an sich selbst, der Wollust durch das nationale Fieber. Das ist der Unterschied zum Beispiel zu den Tifosi, die die italienische Mannschaft anfeuern – und mit eingerollten Fahnen nach Hause gehen, wenn ihre Mannschaft verliert. Die nationale Euphorie der Deutschen hörte daher auch nicht auf, als die deutsche Mannschaft das Halbfinale verlor, sie hatte sich längst verselbstständigt, es war egal geworden, ob die deutsche Nationalmannschaft siegte, der deutsche Nationalismus hatte gesiegt.

Und es war nur eine Frage der Zeit, bis die Masse, die sich selbst feierte, sich als Wir-Gruppe voll Ressentiment und Hass auf andere zeigen sollte. Und die anderen waren zunächst, sehr bald, »*die* Griechen«. Erinnern Sie sich? Wie schnell das ging? Dass aus dem fröhlichen Fest eine Hassorgie wurde? Die *faulen* Griechen, die *korrupten* Griechen, die *wir* alimentieren müssen, nachdem *sie* über ihre Verhältnisse gelebt haben. Es war nur noch eine Frage der Zeit, bis *die Anderen* austauschbar wurden und sich zugleich vermehrten: die europäischen Beamten, die Flüchtlinge und Asylwerber, überhaupt Ausländer, die Sozialschmarotzer und die Eliten, der Islam … Ja, der Nationalismus bietet universales Denken an – bei der Produktion von Feindbildern.

2006ff. war die Zeit, in der das politisch wache Europa mit Staunen und wachsender Besorgnis beobachtete, wie die Bundesrepublik zu Deutschland wurde, forciert noch durch industriefinanzierte Medienkampagnen wie »Du bist Deutschland!« mit dem deutlichen Unterton »Wir sind wieder wer!«.

Interessant, um nicht zu sagen gespenstisch, an dem schleichenden Paradigmenwechsel in diesen Jahren ist, dass die meisten Deutschen ihn noch nicht einmal bemerkt haben, während er europapolitisch tief greifende Folgen hatte, denn diese Verschiebung im deutschen Selbstverständnis war zugleich ein langer Abschied von der Kohl-Doktrin, dass deutsche Einheit und europäische Einheit zusammengehören und deutsche Innenpolitik daher immer auch Europapolitik sein müsse. Das war in meinen Augen auch der Grund, warum Kohl imstande war, die Vereinigung der beiden Deutschlands mit der Preisgabe der nationalen Währung zu verbinden. Hätte die Einführung der gemeinsamen europäischen Währung erst nach Kohl auf der Tagesordnung gestanden, ich bezweifle, dass Angela Merkel bereit gewesen wäre, auch nur darüber zu diskutieren. Umgekehrt wäre es zu Kohls Zeiten undenkbar gewesen, dass ein Nationalökonom wie Hans-Werner Sinn einen so großen Einfluss auf die Wirtschafts- und Finanzpolitik der deutschen Regierung bekommt wie unter

Merkel. Denn Helmut Kohl hat noch gewusst, dass bei einem gemeinsamen Markt nicht mehr nationalökonomisch bilanziert werden kann – unter der Voraussetzung von gemeinsamem Markt, verschränkten Ökonomien und gemeinsamer Währung ist die Nationalökonomie eine Variante der Paläontologie, ein Fach mit totem Gegenstand. Aber auch dies, das Comeback der Nationalökonomen in Deutschland, ist nur ein weiteres Symptom des hier skizzierten Paradigmenwechsels der deutschen Politik und des deutschen Selbstverständnisses.

In seiner Rede im Deutschen Bundestag vom 23. April 1998 hielt Helmut Kohl fest, was er als künftige europapolitische Notwendigkeiten sah, und es war ziemlich genau das, was später der französische Präsident Emmanuel Macron forderte. Aber als Macron dann im September 2017 seine berühmte Rede »Initiative für Europa« an der Sorbonne hielt, mit Vorschlägen zur Reformierung und Vertiefung der Europäischen Union, gab es von Angela Merkel keine Reaktion.

Der Umbau der Bundesrepublik zu einer machtvollen Nation in Europa ist weitgehend abgeschlossen und erscheint kurz- oder mittelfristig nicht reversibel. Und die politischen Eliten wurden – gegen ihre objektiven Interessen und gegen ihre je eigene Parteiprogrammatik – zu Getriebenen ihrer eigenen Politik, zu einer sehr deutschen Personalunion von Dr. Faust und Zauberlehrling. Sie machten einen Pakt mit dem Teufel, dem Nationalismus, gleichwohl ihre Alchemie Trug ist, und dann sind sie hilflos gegenüber den Konsequenzen ihres falschen Zaubers. Sie sind fassungslos und betroffen wegen des Wachsens der AfD und begreifen nicht einmal, dass der Besen, der Eimer voller Jauche in den Bundestag kippt, von ihnen selbst auf den Weg geschickt wurde. Denn der neue Nationalismus ist nicht ganz rechts außen entstanden bzw. hat dort überlebt und ist nun aus Gründen, die wir verstehen sollen (»Die Ängste! Die Ängste!«), in die Mitte eingesickert. Er ist in der Mitte entstanden und strahlt an die Ränder aus, von wo er radikalisiert zurückkommt. Es war so viel einfacher und billiger, die Einigung Deutschlands zum nationalen Projekt zu erklären statt zu einem europäischen Projekt, zumindest zu einem Projekt in europapolitischer Verantwortung. Und als die Europapolitik wieder ins Augenmerk rückte, konnte sie nur noch zu einem Instrument nationaler Innenpolitik werden. Da draußen in Europa gibt es Begehrlichkeiten und politisches Abenteurertum – und es war nicht die AfD, die es da noch gar nicht gab, die versprach, die Deutschen davor zu schützen und ihre nationalen Interessen zu verteidigen, nein, es war die Bundesregierung, die sogenannte Mitte. Kein Steuergeld für Griechenland, diese absurde Losung zieht sich durch bis zu den Reaktionen auf Macrons Rede, als in Deutschland diskutiert wurde, was Macrons Vorschläge »uns Deutsche« kosten würden, und diese Haltung wirkt weiter bis heute.

Es gibt nur ein kleines Problem beim Anspruch, nationale Interessen zu verteidigen, und das hätte ein zu Geschichtsbewusstsein verdammtes Land wissen müssen: Wer eine euphorisierende Selbstüberhöhung feiert und den Wählern zuruft, dass sie besser und tüchtiger als alle anderen seien, und wer gleichzeitig alle Probleme, die in der Bevölkerung Anlass zu Furcht und Ängsten geben, als Probleme der Welt da draußen darstellt, der EU oder der Globalisierung, vor denen die Regierung die Nation schützen wird, der kann nicht liefern. Nationalisten können nie liefern, am allerwenigsten heute, bei den gegebenen wirtschaftlichen und politischen Verflechtungen in Europa. Die Menschen glauben gern, dass sie etwas Besseres sind, aber sie haben nichts Besseres, im Alltag sind sie nichts Besseres, aber sie sollen für andere zahlen, die dann kassieren, obwohl sie nichts Besseres verdient haben. So stellen dann die Menschen nicht den Nationalismus infrage, sondern die Nationalisten: Sie waren offenbar nicht konsequent genug. Sie rufen nach konsequenteren nationalen Repräsentanten. Da geht die Mitte nach rechts. Aber die Rechten können eben nicht liefern. Das Volk wird unruhig. Offenbar war die Politik immer noch zu halbherzig. Dem Volk, als einem besseren, wurde doch das Beste versprochen. Das meinen die Menschen, wenn sie »Wir sind das Volk!« schreien. Der Nationalismus macht nicht solidarisch, er macht bloß völkisch. Das völkische Volk sieht sich in der repräsentativen Demokratie nicht repräsentiert, sondern betrogen. Sie wollen eine Demokratie, die ihren Hass bestätigt. Das kann die Mitte gerade noch liefern, in Form der Zurückweisung der Ansprüche fauler Griechen und korrupter Italiener und Wirtschaftsflüchtlinge und weltfremder Beamter der Europäischen Kommission. So rückt die Mitte noch weiter nach rechts. Aber das genügt nicht. Geht es dem Volk jetzt besser? Nein. Also will es noch radikalere Verteidiger ihrer nationalen Interessen, noch konsequentere Nationalisten – das ist die Dynamik, die auch die Parteien der Mitte immer weiter nach rechts treibt, wo sie hilflos an den Problemen scheitern, die sie, zunächst willfährig einer »Stimmung« folgend, mitverursacht haben.

Robert Musil schrieb in seinem Essay »Der deutsche Mensch als Symptom«, nationale Besonderheiten seien kulturelle Phänomene, die keine politischen Sonderwege rechtfertigen können. Die Frage sei nur, ob die Kultur die Fähigkeit zur Weitergabe habe, also eine offene Seite, die an Universales andocken könne und Bereitschaft zum Austausch zeige, ohne dass diese Kultur das Gefühl habe, sich aufzugeben. Die Geschichte Deutschlands ist viel länger als die Geschichte des mörderischen deutschen Nationalismus, und in dieser langen und reichen Geschichte haben deutsche Länder bewiesen, dass sie diese Fähigkeit haben. Das ist vielleicht auch der Grund, warum ich Germanistik und Philosophie studiert habe und vernarrt bin in deutsche Literatur und glücklich geprägt von deutscher Philosophie.

Ich bin oft in Deutschland unterwegs, immer wieder beeindruckt mich die Vielfalt der Mentalitäten und der Kulturen, die in einem unglaublichen Reichtum landschaftlicher Schönheit historisch gewachsen sind, ich war beglückt von der Freundlichkeit und Offenheit der Menschen, die ich traf – aber letztens konnte ich nicht anders, ich dachte, etwa jeder Fünfte wählt AfD, und so zählte ich durch: und beim Fünften blickte ich in ein neugieriges und freundliches Gesicht, und ich dachte: Nein! Und zählte weiter, bis zehn, und das war wieder eine nette und weltoffene Person ... Ach was, das war eine kindische Spielerei, mit der ich mir nur bestätigen wollte: In Deutschland lebt kein Volk, in Deutschland leben Menschen.

Und wenn es auch das Wir-sind-das-Volk nicht versteht, kein deutscher Mensch und Europäer will, dass Deutschland eine Sonderrolle in Europa spielt oder gar eine Führungsrolle beansprucht. Das europäische Projekt ist ja nicht zuletzt deshalb gegründet worden, um auf alle Zeiten deutsche Sonderwege und Führungsansprüche zu unterbinden. Aber noch spielt die Geschichte nicht mit, noch bietet sie Deutschland immer wieder die Möglichkeit, sich als Ausnahme von allen Regeln zu begreifen, als Sonderfall – und das ist wirklich seltsam: Die große Renationalisierungswelle nach 1989 hat dazu geführt, dass Staaten sich geteilt und gespalten haben, in Teile zerfallen sind – die Tschechoslowakei, Jugoslawien, die UdSSR, und das geht immer so weiter, Schottland will aus dem Vereinigten

Königreich austreten, Katalonien will sich vom spanischen Nationalstaat abspalten, alles bricht auseinander und wird kleiner – nur Deutschland wurde größer! Nur Deutschland erlebte statt Zerfall eine Vergrößerung von Territorium und Bedeutung.

Das mag einiges erklären, kann aber nichts entschuldigen.

Wir sind wieder wer.

Ihr seid wieder wer.

Na und. Der Anspruch an Deutschland in Europa bleibt: Wir wollen sehen, dass die politisch Verantwortlichen in Deutschland nicht die Menschen dort abholen, wo sie sind, sondern sie einladen, dorthin zu kommen, wo die Zukunft ist, in einem Europa, in dem es um die Souveränität der Bürgerinnen und Bürger geht, und nicht um die Souveränität der Nationen.

Das bedeutet: Cordon sanitaire um die AfD, klare Worte in Hinblick auf die Abrüstung nationaler Ideologie und statt nationalem Widerstand gegen Fremde und Fremdes transnationaler, also europäischer Widerstand gegen transnationale Gefahren.

Jean Améry schrieb am Gipfel des deutschen Wirtschaftswunders, als die Wirtschaftswunderdeutschen selbstverliebt ob ihres Erfolgs in den nationalen Spiegel blickten und sich zugleich aggressiv gegen ihre Kinder und Enkel wendeten, die »internationale Solidarität« forderten, nämlich im Jahr 1969, einen bemerkenswerten Essay mit dem Titel »Ihr seid wieder wer!«.[10] Musil hatte den deutschen Menschen in sich entdeckt, Améry aber war außer sich und richtete eine Brandrede an den deutschen Menschen außer sich, den er mit »Geschätzter Herr Bundesbürger« ansprach, ein Text, der den musilschen Titel »Der Deutsche Mensch als Symptom« wahrlich verdient hätte und auf alle Fälle als dessen Fortsetzung und Aktualisierung gelten kann.

Jean Améry sah mit Besorgnis, wie damals ein neuer Nationalismus in Deutschland auf der Basis der Selbstverliebtheit in deutsche Tüchtigkeit entstand, eine überhebliche Selbstzufriedenheit, ein wirtschaftlicher Erfolg, der sich nicht bloß in je privatem Wohlleben erweisen wollte, sondern in internationaler Macht ...

Jean Améry hält fest: »Sie sind wieder wer.« Und er schließt die Frage an: »Wer wollen Sie *wieder* sein? Gerade dieses Wieder ist es, das eine Unruhe hervorruft, bei Ihren Nachbarn im Osten und – geben Sie sich keiner Täuschung hin – auch im Westen.«[11]

Améry kritisierte eine Stimmung, die sich in Deutschland ausbreitete – die aber doch in Widerspruch stand zur Sprache der Politik, die deutsche Überheblichkeit dämpfen und deutsche Integration in Europa voranbringen wollte.

10 Jean Améry, »Ihr seid wieder wer! Brief an einen Bürger der Bundesrepublik Deutschland« (1969), in: *Werke*, Band 7: *Aufsätze zur Politik und Zeitgeschichte*, herausgegeben von Stephan Steiner, Stuttgart: Klett-Cotta 2005, S. 217-226.

11 Ebd., S. 219, S. 221.

Diese Gleichzeitigkeit war möglich, im langen Schatten der Geschichte.

Aber heute? Man sieht so manches deutlicher im Licht der untergehenden Sonne. Manche besonnen. Aber manche geblendet.

17. Erleichterung? Im September 2023 beschloss die deutsche Regierung, Organisationen, die sich in Italien um Bootsmigranten kümmern, finanziell zu unterstützen. Die italienische Regierungschefin Giorgia Meloni war entrüstet: Dies sei »eine Einmischung in inneritalienische Angelegenheiten«.

»Inneritalienisch« wäre es also besser, Nicht-Italiener sterben oder in Lagern siechen zu lassen …

Zugleich schrieben europäische Zeitungen, wie froh und erleichtert sie nach einem Jahr Regierung Meloni seien: Befürchtungen, die es wegen des Wahlsiegs einer Postfaschistin und ihrer Regierungsbildung gegeben habe, seien mittlerweile von Meloni zerstreut und Bedenken ausgeräumt worden.

Was muss eine »Postfaschistin« tun, um in einer Union von Staaten, die immer weiter nach rechts rücken und immer radikalere nationalistische Politik machen, Befürchtungen nicht zu zerstreuen? Und wie würde ein »Europa der Werte« damit umgehen?

18. Europäische Werte. Noch eine Frage. Warum bekommt Julian Assange, der Kriegsverbrechen aufgedeckt hat, im Friedensprojekt Europa nicht politisches Asyl? Warum schauen die politischen Repräsentanten Europas ungerührt zu, wie er voraussichtlich in die USA ausgeliefert wird, wo ihm der Tod im Gefängnis droht?

So wie die Verheißungen des chinesischen Markts und die Gier auf chinesische Bodenschätze offenbar nicht gut harmonieren mit europäischen Werten, so ist auch das transatlantische Bündnis mit den USA, mit denen wir bekanntlich die Werte teilen, eher kein Garant für die politische und ökonomische Verteidigung der Werte.

Wir verteidigen sie nicht, wenn es um Menschenleben im Mittelmeer geht (Meloni). Wir verteidigen sie nicht, wenn ökonomische Verluste drohen (China). Und wir verteidigen sie nicht, wenn es diplomatischen Ärger geben kann (USA). Wann verteidigen wir sie? Wir lassen verteidigen. »Die Ukraine verteidigt die europäischen Werte.« (Ursula von der Leyen)[12]

12 Aber vielleicht ist mit »Werte« etwas anderes gemeint? »Lithium, Kobalt, Titan, Uran und eine Reihe seltener Erden lagern im Boden des Landes [der Ukraine], dazu riesige Öl- und Gasvorkommen. Geschätzter Wert: Mindestens 6,7 Billionen Euro. Ihr geostrategischer Wert: unbezahlbar.« (Evelyn Peternel, »Bodenschätze in der Ukraine: Ein Grund für den Krieg, über den kaum jemand spricht«, in: *Kurier* [3. September 2023], S. 10)

19. Die Werte grundsätzlich: Die Menschenrechte. In Hinblick auf die Frage, was den Menschen zum Menschen macht, findet gegenwärtig ein bezeichnender Perspektivwechsel statt. Noch bis vor Kurzem beantwortete man diese Frage, indem man die Unterschiede zum Tier hervorhob, jetzt denkt man sozusagen in die andere Richtung und zieht Vergleiche mit Robotern und künstlicher Intelligenz. Nicht mehr das animalische Leben ist die Messlatte, sondern das Maschinenleben, die funktionale Kälte des Artifiziellen. Beide Vergleiche haben allerdings etwas gemeinsam: Sie definieren ein grundsätzliches Überlegenheitsgefühl, und der Unterschied besteht nur darin, dass dieses mittlerweile zu kollabieren beginnt, weil der Stolz in Angst kippt: »Wir«, die »Menschen«, sind imstande, etwas zu erschaffen, das mächtiger sein kann als wir selbst. Oder doch nicht? Das erinnert an die Aporie der Allmacht Gottes, der sich zu Beginn der Aufklärung, die mit Religionskritik begann, mit der Frage konfrontiert sah: Wenn Gott allmächtig ist, kann er auch einen Stein erschaffen, der so schwer ist, dass selbst er ihn nicht mehr hochheben kann? Wenn ja, ist es das Ende seiner Allmacht. Wenn nein, ebenfalls.

Der Mensch, der diese Frage stellen konnte, ist dieser Gott geworden. Mit der Atombombe in Hinblick auf die Möglichkeit seiner völligen Auslöschung, mit KI in Hinblick auf sein Überleben in selbstproduzierter Unmündigkeit. Jede trotzige Selbstbeschwichtigung ist dürftig. Wenn ich zum Beispiel höre, dass »der Mensch« auch der avanciertesten KI ewig überlegen sein werde, weil diese niemals so weit entwickelt werden könne, eine Symphonie zu komponieren wie Beethovens Neunte, muss ich gestehen: Ich werde das auch nie können.

Dabei gibt es in Hinblick auf die Frage, was den Menschen zum Menschen macht, tatsächlich eine Besonderheit, die seltsamerweise nie reflektiert, nie erwähnt wird. Und damit meine ich den Gedanken, dass der Mensch zu Gattungsbewusstsein fähig ist. Und Gattungsbewusstsein ist tatsächlich etwas, das keine andere Gattung hat. Und nur unter der Voraussetzung von Gattungsbewusstsein kann man den Wunsch und schließlich das Recht ableiten, von anderen Menschen als Mensch behandelt zu werden, mit allen Implikationen, die das hat.

Wird Niemand bestreiten, dass der Wunsch und Anspruch *eines* Menschen, zum Beispiel nicht unterdrückt und Opfer staatlicher Willkür zu werden, daher universelles Recht *aller* Menschen sein muss?

Bis zur Anerkennung der Menschenrechte als »Grundlage jeder menschlichen Gemeinschaft, des Friedens und der Gerechtigkeit in der Welt«, wie es so schön im deutschen Grundgesetz heißt, war es ein langer Kampf, der immer wieder die Barbarei als Sieger sah. Nach den Gräueln und Verbrechen gegen die Menschlichkeit im Zweiten Weltkrieg war die Gelegenheit gekommen, der Anerkennung der Menschenrechte endlich eine internationale und vor allem rechtlich verbindliche Grundlage zu geben. *Da-*

bei denkt Jedermann natürlich an die Allgemeine Erklärung der Menschenrechte der Vereinten Nationen von 1948. Es ist interessant, dass der wirklich große historische Fortschritt, nämlich die nachgerade revolutionäre Leistung Europas in Hinblick auf die Anerkennung der Menschenrechte, kaum ins allgemeine Bewusstsein Eingang gefunden hat. Die UN-Menschenrechtserklärung ist bloß ein weiteres Beispiel dafür, was herauskommt, wenn Nationen unter Wahrung ihrer (geo)politischen Interessen, ihrer Souveränität und bei Verteidigung gegen eine »Einmischung in innere Angelegenheiten« einen Kompromiss finden: ein Papier. Genau die Art von Papier, von der die Gründer des europäischen Einigungsprojekts genug hatten. Die UN-Menschenrechtserklärung ist eine Resolution, die *rechtlich nicht bindend* ist und nicht eingeklagt werden kann, eine bloße *Empfehlung*, die nicht einmal alle Mitgliedstaaten der Vereinten Nationen ratifiziert haben. Übrigens auch nicht die USA.

Hingegen Europa: Die Staaten, die nach dem Ende des Zweiten Weltkriegs den Europarat gründeten, verabschiedeten 1953 die Europäische Menschenrechtskonvention (EMRK), die weit über die UN-Resolution hinausgeht. Sie wurde von sämtlichen Mitgliedstaaten des Europarats ratifiziert und ist somit für alle europäischen Staaten *rechtlich bindend*. Mit ihrem Beitritt zur EMRK haben alle Europarat-Mitgliedstaaten ihren Willen zur Selbstbegrenzung ausdrücklich und rechtlich verbindlich festgehalten.

Da aber bekanntlich jeder Vertrag gebrochen werden kann, muss ein Gericht vorhanden sein, bei dem Vertragsverletzungen eingeklagt werden können. Nur so kann die Einhaltung eines Vertrags sichergestellt werden. Deshalb wurde 1959 der Europäische Gerichtshof für Menschenrechte gegründet. Werden die in der EMRK festgelegten Menschenrechte einer Person vom Staat verletzt, kann diese Person – nach Ausschöpfung aller nationalen Rechtsmittel – vor diesem Gerichtshof Klage einbringen. Das macht die Europäische Menschenrechtskonvention zu einer weltweit einmaligen zivilisatorischen Errungenschaft, auf die der europäische Jedermann stolz oder für die er zumindest dankbar sein könnte. Aber damit nicht genug. Im Gegensatz zu der 1948 in Schwamm gemeißelten UN-Resolution ist die Europäische Menschenrechtskonvention als dynamische angelegt. Es gibt heute Einsichten, die es vor über siebzig Jahren nicht gegeben hatte: zum Beispiel, dass jeder Mensch das Recht auf Zugang zu sauberem Wasser haben müsse. Das kommt in der UN-Resolution natürlich nicht vor, ist aber in der EMRK mittlerweile als Menschenrecht festgeschrieben. Neue Technologien wie das Internet oder wissenschaftliche Entwicklungen wie die Gentechnik sind auch in Menschenrechtsfragen große Herausforderungen, die durch Gesetzgebung und Rechtsprechung schließlich auch die Menschenrechtskonvention dynamisch weiterentwickeln.

Kein Land kann Mitglied der Europäischen Union sein,

das die Menschenrechtskonvention nicht anerkennt. Seit dem Lissabon-Vertrag muss sich sogar die Union selbst der Menschenrechtskonvention unterwerfen, und sie hat in Form der EU-Grundrechtecharta einen eigenen Menschenrechtskatalog, der vor nationalen Gerichten und dem Europäischen Gerichtshof durchgesetzt werden kann.

UN: nette Symbolik einer Institution, in der auch Vertreter von Diktaturen, Massenmördern, religiösen Fanatikern und so weiter sitzen.

EU: reale, praktische, rechtsverbindliche Avantgarde.

Aber so politisch fortschrittlich, so nachgerade revolutionär die Grundlage des europäischen Gemeinschaftsrechts im globalen Kontext auch ist, sie wird von den Mitgliedstaaten der EU in deren innenpolitischem Alltag systematisch unterlaufen. Wir erleben, dass Regierungsvertreter und Parlamentarier europäischer Staaten im Gleichschritt mit nationalen Boulevard-Medien sowie »sozialen Medien« die universale Gültigkeit der Menschenrechte wieder infrage stellen, mit einer Schamlosigkeit, die vor wenigen Jahren noch unvorstellbar war. Sie predigen Fremdenhass, unter dem Vorwand, »nationale Befindlichkeiten« zu »verstehen«, sie unterfüttern Xenophobie, die sie als Grundlage für Solidarität mit dem »eigenen Volk« zum nationalen Interesse erklären, sie schüren Hass auf andere als Kitt nationaler Identität.

So müssen wir erleben, dass europäische Nationen, die buchstäblich ein Mördergeschäft mit Waffenlieferungen in Kriegsgebiete machen, den Menschen, die vor diesen Waffen flüchten, das Recht absprechen, ihr Leben retten zu wollen. Bürger europäischer Länder, die ihre landwirtschaftlichen Produkte hoch subventioniert in Länder exportieren, deren Landwirtschaft und Infrastruktur dadurch zerstört wird, nennen die Menschen, deren Lebensgrundlage sie zerstört haben und die sich auf den Weg machen, um irgendwie zu überleben, »Wirtschaftsflüchtlinge«, gerne versehen mit »bloß«: »bloß Wirtschaftsflüchtlinge«. Menschen, die den Klimawandel durch ihren CO_2-Ausstoß als globales Problem produzieren und ihn oftmals nur als schönen Sommer mit weniger Regentagen erleben, mobilisieren gegen Menschen, die vor Dürre, Hunger und Tod flüchten. Immer mehr Menschen grölen »Wir sind das Volk« und glauben allen Ernstes, dass andere Menschen nicht zum Volk oder andere Völker nicht zur Menschheit gehören.

Die österreichische quasifaschistische Partei FPÖ wollte die Europäische Menschenrechtskonvention revidieren, und die Christdemokraten griffen diese Idee auf und wollten die Relativierung der Menschenrechtskonvention allen Ernstes diskutieren. Sie begreifen nicht: Wenn sie Menschenrechte nicht als universell und unteilbar verstehen und nur für sich selbst *gegen* andere beanspruchen, dass sie sie auch für sich selbst aufgehoben haben. Die Europäische Menschenrechtskonvention als Verfassungsgrundlage der Europäischen Union war ein Meilenstein der europäischen Geschichte im Geiste der Freiheit. Der Nationalismus, der den nationalen Wählern exklusive Rechte verspricht, zerstört die Idee der Menschenrechte, und die Nationalisten tun das mit dem Versprechen einer Selbstermächtigung, die nicht nur menschlich zynisch ist, sondern vor allem so lächerlich wie bedrohlich in Hinblick auf die längst schon transnational verflochtene Welt. Wir können die Globalisierung gestalten oder erleiden. Der Anspruch der EU kann und muss sein, sie zu gestalten, die Nationalisten werden sie erleiden.

20. Alltag. Angesichts der Differenz zwischen Realität und Sonntagsreden halten wir die Realität nicht für eine Abweichung, sondern die Zustimmung zu ihr für Realismus, statt realistisch und begründet auf die Einlösung der Versprechen der Sonntagsreden zu insistieren. Eher versucht der überwiegende Teil der Menschen – und ich spreche von der Gattung (!), wie sie in Individuen zerfällt, die ein Kollektiv von Solipsisten bilden –, sich selbst zu verändern, sich anzupassen, um besser hineinzupassen in den Zustand der Welt, in den sie hineingestoßen wurden, sie zu einem menschlichen Ort zu machen. Manchen gelingt das sogar, aber um welchen Preis? Vielen gelingt es nicht, kann es nicht gelingen. Hier kennen wir den Preis, wir sehen ihn angeschrieben in den Medien, ob sozial oder nicht, auf den Straßen, in Gesichtern, in den Formen des

Umgangs der Menschen untereinander: Es ist der Hass, die Wut, das Ressentiment, das sind die Münzen, mit denen heimgezahlt wird, dass das Gegebene, das Vorausgesetzte, das Gewohnte diesen Menschen nicht heimelig, nicht Heimat ist.

Aber bei aller Wut so vieler – sie wollen nicht hinterfragen, was der Grund ihrer Misere ist, einer Misere, die weit in den sogenannten Mittelstand hineinreicht und sich auch in den Intelligenzblättern mit zunehmendem Ressentiment artikuliert, sie wollen vielmehr ihr Recht im Ungerechten. Sie wollen von den Verhältnissen, von denen sie gedemütigt, missachtet, an den Rand gedrängt werden, anerkannt werden – ich muss lachen und weinen, wenn ich das beobachte. Sie wollen Anerkennung, das verstehe ich, das ist ihr gutes Recht, es ist ein Menschenrecht, aber warum wollen sie menschliche Anerkennung ausgerechnet von einer Welt erhalten, die sie von ihren Mitmenschen trennt, die spaltet, warum wollen sie ihr Recht gegen das Recht anderer? Denn das ist doch ihre Erfahrung, die Welt, wie sie organisiert ist, spaltet die Menschen, die Gattung, die Menschheit, sie hat die Wütenden abgespaltet von den Fitten, den mehr oder wenigen Glücklichen, den vermeintlich Glücklichen, und beide von den Hoffnungslosen, die nicht nur materiell nichts haben, sondern nicht einmal mit der Empathie der Satten rechnen können.

21. Der Preis der Werte. Beispiel. Wir haben unsere Werte. Ich sprach schon die Sonntagsreden an. Da werden die Werte beteuert. Nein, sie werden nicht teurer, sondern sehr wohlfeil. Tatsächlich drückt sich der Wert dann im messbaren, bilanzierbaren Preis aus. Zum Beispiel: Pressefreiheit – das ist ein Wert. Ein heiliger Wert im aufgeklärten Europa. Ich habe bereits Julian Assange erwähnt. Wer erinnert sich an den kritischen Journalisten Jamal Khashoggi? Er wurde in Istanbul ermordet, und es stellte sich blöderweise heraus, dass es ein Auftragsmord der Saudis war – worauf wir den Wert der Pressefreiheit sofort präzise in Euro übersetzt sahen: 4,75 Milliarden Euro, das war, wie dann in den Zeitungen stand, zu dieser Zeit der Wert der Waffenlieferungen Europas an die Mörder, die nun nicht Mörder, sondern wichtige strategische Partner genannt werden, bei denen wir jetzt auch verstärkt Öl einkaufen, weil russisches Erdgas und russisches Öl mit unseren Werten nicht mehr vereinbar sind.

22. Begriffe klären. Oder entsorgen. Wollen wir produktiv über die Europäische Union diskutieren? Ihre Notwendigkeit, ihre systemischen Fehler, ihre Perspektiven, ihre demokratische Weiterentwicklung? Es ist besser zu wollen, denn wir müssen! Allerdings werden in der europapolitischen Diskussion unausgesetzt schöne bunte und düster graue Steinchen in die Debatte geworfen, und jeder sieht dann ein anderes Muster, je nachdem, wie er an seinem Kaleidoskop dreht. Es werden in der Regel Begriffe verwendet, die so oder so Zustimmung einfordern oder erwarten, aber jeder sieht etwas anderes, versteht etwas anderes darunter …

Ich möchte das an einigen Begriffen vorführen, die wir fast täglich hören oder lesen, wenn es um die EU geht, und die doch nur ein verdrehtes Muster der Realität zeigen.

Zunächst *der* Sonntagsredenbegriff, der in seiner Mischung aus Pathos und Betulichkeit darauf vertraut, dass er abgenickt wird, nämlich *Friedensprojekt Europa*. Wer ist gegen Frieden? Will doch jeder. Dennoch bewirkt er keine allgemeine Zustimmung zur EU. Der Begriff »Friedensprojekt Europa« wird mit der Frohbotschaft begründet, dass der europäische Einigungsprozess rund siebzig Jahre Frieden auf diesem Kontinent geschaffen hat. Das stimmt zwar nicht ganz, es stimmt nicht einmal für die Mitgliedstaaten der EU. Beim Kosovo-Krieg 1999 starteten die Flugzeuge, die Belgrad bombardierten, vom Luftwaffenstützpunkt Aviano in Italien, darunter auch vierzehn deutsche Tornado-Jets. Das heißt, Italien und Deutschland befanden sich im Krieg. Aber es ist nicht einmal dieser Widerspruch, der den Begriff bei vielen Europäern unglaubwürdig macht, nein, ich glaube, sie denken nicht einmal daran, wenn sie bei »Friedensprojekt Europa« achselzuckend nicken. Es ist wohl schlicht so, dass die Mehrzahl der Europäer heute glaubt, dass es Frieden in Europa auch ohne EU gegeben hätte oder geben könnte. Weil das Gewohnte etwas anderes schwer vorstellbar macht. Das liegt daran, dass sie Folgendes nicht wissen oder es ihnen mit dem schönen Begriff »Friedensprojekt« nie zu bedenken gegeben wurde: Die Gründergeneration des europäischen Einigungsprojekts hatte die revolutionäre Idee gehabt, Frieden durch Verflechtung der Nationen, supranationale Institutionen und Überwindung des Nationalismus zu sichern, weil sie die leidvolle Erfahrung gemacht hatte, dass Verträge zwischen Nationen keinen nachhaltigen Frieden garantieren, wie wir ja auch gegenwärtig sehen. »Friedensprojekt« ist ein schöner Begriff, aber er ist nur die halbe Wahrheit. Man muss »... durch Überwindung des Nationalismus« dazusagen. Man wird vielleicht nicht sofort allgemeines Nicken ernten, aber man erspart sich unproduktive Missverständnisse. Und man kann es argumentieren – im Gegensatz zu den Nationalisten, die das Urteil, das die Geschichte gesprochen hat, nicht revidieren können.

Es wäre interessant zu sehen, was geschehen würde, wenn die politischen Repräsentanten Europas jedes Mal, wenn sie »Friedensprojekt« sagen, »durch Überwindung des Nationalismus« dazusagen würden – und es dann argumentieren könnten.

Proeuropäisch. Das ist auch so ein Begriff. Nationale Staats- und Regierungschefs oder Minister verwenden ihn gerne und erwarten dabei die Zustimmung derer, die von der Idee und Notwendigkeit der EU überzeugt sind, oft auch die erleichterte Zustimmung, wenn sie vorher durch EU-Bashing oder durch Blockade von Gemeinschaftsentscheidungen aufgefallen sind, während die EU-Skeptiker und -Gegner nicht einmal mit den Achseln zucken, weil sie davon ausgehen, dass das EU-Bashing und die Vetos im Rat die Realpolitik hinter der Phrase sind.

Der Begriff »proeuropäisch« bedeutet zunächst also gar nichts. Wer diesen Begriff verwendet, müsste dazusagen, wie er zu der europäischen Idee steht und was er europapolitisch will. Interessanterweise sagt das aber niemand, der diesen Begriff verwendet.

Die österreichische Regierung, die das Kindergeld von nichtösterreichischen EU-Bürgerinnen, die in Österreich arbeiten, kürzen wollte und die gegen den Schengenbeitritt von Rumänien und Bulgarien ein Veto einlegte, die eine gemeinsame europäische Migrationspolitik blockiert und die bei bereits aufgehobenen innereuropäischen Grenzen wieder Kontrollen einführte, wie an den Staatsgrenzen zu Ungarn oder Slowenien, und damit eine der größten Errungenschaften Europas zerstört, weil sie unter europäischer Freizügigkeit nur die Freizügigkeit der Waren, aber nicht der Menschen versteht, bezeichnet sich ebenfalls als »proeuropäisch«, so wie auch der bayrische Ministerpräsident mit seinen sinnlosen symbolischen Kontrollen an der österreichischen Grenze, und selbst Orbán ist »proeuropäisch«, das versichert er regelmäßig, wenn er nach Brüssel kommt. Immerhin bekommt Ungarn von allen europäischen Staaten die höchsten Förderungen. Nur daheim muss er leider seine Wähler mit Nationalstolz und nationalistischem Eigensinn ersatzbefriedigen.

Es wäre schon viel gewonnen, wenn zumindest einmal Journalisten beginnen würden, nachzufragen: Was verstehen Sie eigentlich konkret unter »proeuropäisch«? Meinen Sie damit, dass Sie zu Fuß über den See gehen können, allerdings erst, wenn er ausgetrocknet ist?

Subsidiaritätsprinzip. Das ist der politische Täuschungsbegriff schlechthin. Der Begriff, ganz unschuldig definiert, bedeutet: Politische Entscheidungen sollen immer auf der möglichst niedrigen Ebene getroffen werden. Warum soll etwas »in Brüssel« entschieden werden, wenn es auf einer niedrigeren Ebene, in konkreter Kenntnis der regionalen Situation, geregelt werden kann? Klingt wunderbar, demokratisch völlig logisch, man möchte sofort zustimmen, und tatsächlich führt dieser Begriff dazu, dass viele so automatisch nicken wie diese Wackeldackel auf der Ablagefläche der Autos. Aber kein Politiker sagt dazu, was er in Wirklichkeit darunter versteht, warum er konspirativ augenzwinkernd diesen Begriff an seine nationalen Wähler adressiert – die verstehen natürlich: dass es denen, die den Begriff »Subsidiarität« verwenden, um die Verteidigung der Nation gegen die nachnationale Entwicklung der EU geht, um eine Blockade der europäischen Entwicklung, um die nationalen Wähler bei der Stange zu halten und um dabei dennoch nicht als primitive Anti-Europäer zu gelten. Der Begriff »Subsidiarität« meint Renationalisierung, klingt aber eleganter. »Subsidiarität«, also die untere Ebene, meint die Nation, und da hört sich dann natürlich das Subsidiaritätsprinzip auf. Es gibt mittlerweile Studien von namhaften Universitäten mit »European Studies«, die empfehlen, zur Beförderung der europäischen Demokratie den Begriff »Subsidiarität« zu eliminieren. Wer sich seriös mit der Entwicklung des europäischen Gemeinschaftsrechts beschäftigt, weiß, dass es in der EU um die Schaffung von gleichen Rahmenbedingungen für alle EU-Bürger und Bürgerinnen geht, ich betone: Rahmenbedingungen, innerhalb derer die Menschen in allen europäischen Gesellschaften, Kulturen und Mentalitäten auf ihre je eigene Art ihr Glück suchen, auf der Basis allgemeiner, gleicher Rechtssicherheit. Dazu braucht es den Begriff »Subsidiarität« nicht, der aus der katholischen Soziallehre kommt und nicht einmal in der katholischen Kirche funktioniert. (Der Vatikan ist übrigens einer der wenigen Staaten, die der Europäischen Menschenrechtskonvention nicht beigetreten sind.) Es wäre schon einiges gewonnen, wenn man bei Politikern, die diesen Begriff verwenden, einmal genauer nachhaken würde, was sie unter »Subsidiarität« *unter Voraussetzung einer nachnationalen Entwicklung* verstehen.

Nettozahler. Das ist ein Lieblingsbegriff herrischer Wutbürger, eine antieuropäische Vokabel, die auch »Pro-Europäer« im Munde führen, ein Begriff, von dem sie den Anspruch ableiten, mehr zu sagen zu haben, größere Ansprüche geltend machen zu können, herablassend auftreten zu müssen gegenüber den sogenannten »Nettoempfängern«. »Nettozahler« ist ein Begriff, der die nachnationale Entwicklung Europas wieder nationalistisch spaltet, der die Steuerzahler einer Nation gegen die »Empfängerstaaten« aufwiegelt – als wäre das so: Die einen zahlen mehr ein, als sie herausbekommen, die anderen bekommen mehr, als sie verdienen. Der Begriff »Nettozahler« existierte bis Mitte der siebziger Jahre nicht, weil bis dahin anders bilanziert wurde: nämlich nicht nur in Form einer simplen Plus-minus-Rechnung (Was zahle ich ein, was bekomme ich aus demselben Topf in Form von Förderungen zurück?), sondern in Form einer Gesamtbilanz, in die auch eingerechnet wurde, was der Gemeinsame Markt, die europäische Freizügigkeit, und die Förderungen von nichtnationalen Initiativen europäisch-volkswirtschaftlich bringen. Tatsächlich ist es ja so, dass der Gewinn aller Mitgliedstaaten durch ihre Mitgliedschaft in der EU größer ist als die Differenz zwischen Einzahlungen und direktem Fördermittelrückfluss. Es war die britische Premierministerin Margaret Thatcher, die – apropos »Friedensprojekt« – einen Krieg gegen Argentinien führte, um in patriotischem Taumel nationale Wahlen zu gewinnen, die das nicht verstand, nur das »Defizit« in der europäischen Ausgaben- und Einnahmenrechnung sah und glaubte, dass die Profite der britischen Wirtschaft alleine ihrer radikalen Liberalisierungspolitik und nicht der Teilhabe am Europäischen Markt zu verdanken seien. Sie war es, die diese absurde »Nettozahler«-Rechnung als Erste aufmachte, und es ist erstaunlich, dass sich dieser Begriff dann in so vielen Köpfen festgesetzt hat, bis heute, obwohl doch nach dem Brexit deutlich gesehen werden könnte, wie unsinnig dieser Begriff ist. Im Brexit hat sich schlussendlich gezeigt, wohin das »Wir Nettozahler«-Gedröhns führt. Wer also mit dem Begriff »Nettozahler« hantiert, um nationale Wählerstimmen einzusammeln, die Stimmen von demagogisch Entrüsteten, auch von armen Teufeln, die kaum Steuern zahlen, aber sich jetzt aufplustern können als »Nettozahler« und aggressiv hinabblicken auf »Empfänger«, ohne sich zu fragen, was sie selbst alles empfangen ..., wer also diese Stimmen so einsammelt, ist europapolitisch ein Untergangster – auch wenn er »selbstverständlich proeuropäisch« und bla.

Vereinigte Staaten von Europa. Noch so ein Verwirr-Begriff mit Zustimmungsautomatismus bei »Pro-Europäern«, dabei aber besonders ätzend und ärgerlich. Ich weiß nicht, ob Ihnen schon einmal aufgefallen ist, dass Politiker, die noch nie wirksam oder irgendwie auffällig geworden sind in Hinblick auf europapolitische Fortschritte, die sie initiiert oder gar durchgesetzt hätten, in Sonntagsreden oder Interviews gerne eine gewisse europavisionäre Kühnheit durchblitzen lassen – die sie weiters zu nichts verpflichtet, aber die Debatte sinnlos verwirrt. Sie sagen gerne, wenn sie auf die Zukunft Europas angesprochen werden, mit betulichem Unterton: Nun, zweifellos wird es früher oder später auf »Vereinigte Staaten von Europa« hinauslaufen – und sie fühlen sich super, wie sie demonstriert haben, »glühende Europäer« bzw. »Pro-Europäer« zu sein, zugleich fühlen sie sich jeder Verantwortung für produktive Europapolitik enthoben, weil diese Utopie von »Vereinigten Staaten« im Grunde im Nirgendwo einer fernen Zukunft beheimatet ist, inzwischen aber können sie weitermachen wie bisher und nationale Wählerstimmen einsammeln ... – und dazu braucht man keine politische Phantasie, und auch keine Kenntnis der Gedanken der Gründer des europäischen Einigungsprojekts. Natürlich denkt man bei »Vereinigte Staaten von Europa« sofort an die Vereinigten Staaten von Amerika, sozusagen als Vorbild für die Zukunft der EU. Nur will das aber keiner, weder reflektierte Europäer noch Anti-Europäer, der Begriff ist einfach blöd, auch wenn er zum Nicken einlädt. Die EU ist nämlich, im Sinne der Gründergeneration, das genaue Gegenteil der USA – und deshalb so faszinierend. Die USA sind das alte europäische Projekt: Europäer haben dort Territorium mit Gewalt erobert, einen Genozid gemacht, auf der Basis von Sklaverei Staaten aufgebaut, sie mit einem blutigen Bürgerkrieg geeint und dann eine Nation gebildet, die ihre nationalen Interessen in letzter Instanz militärisch durchsetzt. Die EU ist das neue europäische Projekt, in jedem Punkt das Gegenteil: Territorium durch freiwilligen Beitritt, als Grundlage der Gemeinsamkeit die Anerkennung der Menschenrechte, Einigung durch Verträge und am Ende Überwindung der Nationalstaaten zur Schaffung nachhaltigen Friedens.

USA ist Vintage, EU ist Avantgarde – könnte das bitte einmal ein Politiker, der in europapolitischer Verantwortung steht, klar und deutlich sagen, statt diesen Quatsch von den »Vereinigten Staaten« abzusondern? Der Unterschied ist nämlich nicht nur begrifflich dramatisch, man könnte auch viele europäische Bürger und Bürgerinnen gewinnen, wenn man klar und deutlich sagen würde: Das Konzept der »Vereinigten Staaten« würde nur den problematischen Status quo, nämlich die unterschiedliche Gewichtung und Bedeutung der europäischen Staaten, die so viel Kritik und Widerstand hervorruft, einzementieren. Wer in einem großen, ökonomisch starken, politisch einflussreichen Staat zur Welt kommt, hat besseren Zugang zu Bildung, zum Sozialsystem, zu Altersvorsorge etc., kurz: zu Lebenschancen und Sicherheit, als der Bürger und die Bürgerin eines kleinen und politisch nicht so gewichtigen und einflussreichen Mitgliedstaates. Das heißt: Bei »Vereinigten Staaten von Europa« bliebe der Gleichheitsgrundsatz unerfüllt, das merken oder spüren natürlich viele Menschen in Europa – und fallen daher auf die Propaganda der Nationalisten herein, die ihnen Solidarität versprechen, die sie sich von den europäischen »Führungsnationen« und von den »Nettozahlern« nicht erwarten können.

»Vereinigte Staaten von Europa« ist ein pseudovisionärer Begriff phantasieloser politischer Eliten und Meinungsbildner, die sich nicht von der Vorstellung lösen können oder wollen, dass ein geeintes Europa nur die Vereinigung verschieden großer und verschieden mächtiger Staaten auf einem gemeinsamen Markt sein kann, mit der Allüre, dann, irgendwann, mit der alt gewordenen »Neuen Welt« auf Augenhöhe zu sein, nur weil »Vereinigte Staaten von Europa« so klingt wie »Vereinigte Staaten von Amerika«. Es wird in Zukunft in Europa ganz andere politische Verwaltungseinheiten geben müssen als die alten Nationalstaaten. Die Friedensunion muss ein ganz anderes Selbstverständnis zeigen, als es die USA haben, die sich als Nation verstehen, die jederzeit bereit ist, die Interessen ihrer Eliten militärisch durchzusetzen.

Harmonisierung. Zum Beispiel »Harmonisierung« als Angleichung der steuerlichen Regelungen und Steuersätze in den EU-Staaten. Das ist der Begriff, der ein Desiderat der Europäischen Union bezeichnet, aber von nationalen Politikern tunlichst gemieden oder, wenn er in der Diskussion auftaucht, sofort zurückgewiesen wird. Da versuchen sie nicht einmal mehr, den bloßen Schein von »proeuropäisch« aufrechtzuerhalten. Steuerrecht müsse nationales Recht bleiben, und die Konkurrenz zwischen unterschiedlichen Steuersätzen in den verschiedenen EU-

Staaten bewirke einen Wettbewerb der Staaten, der der europäischen Wirtschaft zugutekomme. Nun ist aber nicht einzusehen, warum europäische Bürgerinnen und Bürger, je nachdem, wo sie zur Welt kamen und wo sie arbeiten, in einem gemeinsamen Wirtschaftsraum verschieden hohe Löhne erhalten und verschieden hohe Steuerabgaben haben. Und noch weniger ist einzusehen, warum Unternehmen Staaten damit erpressen können, dass sie sich in einem Land niederlassen beziehungsweise dorthin ausweichen, das ihnen größere Steuerprivilegien gewährt. Die Steuerkonkurrenz innerhalb der EU, der Kampf der Nationen um Investoren, Standort, Arbeitsplätze führt zu einem Steuerdumping für Konzerne, zu einer Spirale nach unten, die natürlich Auswirkungen auf die nationalen Budgets hat. Was die Konzerne sich ersparen, fehlt dann in den nationalen Budgets, bei Pensionen, Gesundheit, Bildung, Infrastruktur, also bei allen heiligen Kühen nationaler Kompetenz, weshalb trotz eines jahrzehntelangen kontinuierlichen Wirtschaftswachstums immer wieder »Sparpakete« geschnürt und »Gürtel enger geschnallt« werden müssen. Aber Otto Nettozahler tröstet sich damit, dass er auf die Niedriglohnländer aggressiv verächtlich hinabblicken kann.

Zugleich ist dieser Begriff der blinde Fleck der Linken. Die Linken sind ja in der Regel der Meinung, dass die EU das »Europa der Konzerne« sei, ein Konstrukt ihrer machtvollen Wirtschaftsinteressen, weshalb sie den Nationalstaat gegen die EU verteidigen. Es ist interessant, dass die Linken, einstmals Internationalisten, in der Kritik an multinationalen Konzernen zu Nationalisten werden, statt zu begreifen, dass nur eine transnationale Gemeinschaftspolitik die Multis regulieren und einhegen kann. Die Multis lobbyieren in Brüssel mit großem Aufwand, um die Weiterentwicklung der EU, die Harmonisierung etwa des Steuerrechts, zu verhindern, sie wollen die Staaten gegeneinander ausspielen können. An einer Vertiefung der EU, an einer EU ihrer ursprünglichen Idee nach, sind sie nicht interessiert, daher investieren sie große Summen in die Blockade der EU. Es ist also nicht die EU ein Europa der Konzerne, das scheiternde Europa ist das Europa der Konzerne. Auch wenn sich engagierte Kommissarinnen immer wieder dagegen auflehnen: Strafzahlungen, wie sie die EU gegen Amazon oder Microsoft in dreistelliger Millionenhöhe verhängt hat, hätte kein Staat alleine durchsetzen können.

»Harmonisierung«, das ist der Begriff, der in der öffentlichen Diskussion über Europapolitik viel zu wenig vorkommt. Europäer müssen dafür eintreten, sie müssen diesen Begriff immer wieder in die Diskussion bringen, sie müssen die »Pro-Europäer« und die pseudokessen »Vereinigte-Staaten-von-Europa-Politiker« und die betulichen »Friedensprojekt-Sonntagsredner« damit konfrontieren: Wie haltet ihr es mit der Harmonisierung? Der Harmonisierung aller Rechtssysteme, des Steuerrechts, der Löhne, der

Sozialsysteme und nicht zuletzt des Wahlrechts, Gleichheit und gleiches Gewicht der Stimmen.

Und damit sind wir beim kompliziertesten und wichtigsten Begriff unserer Diskussion: *europäische Demokratie.* Ich habe bei der letzten Europawahl meine Stimme abgegeben. Ich habe die Kommissionspräsidentin nicht wählen können, denn sie stand gar nicht zur Wahl. Nur Merkel und Macron haben sie gewählt. Ganz alleine. Millionen Europäer haben gewählt, aber für die Wahl zur Kommissionspräsidentin genügten zwei Stimmen. Ich habe aber auch Merkel und Macron nicht gewählt, sie standen für mich ebenfalls nicht zur Wahl. Jeder, der nicht Deutscher oder Franzose ist, versteht das Problem. Der Europäische Niemand. Einige demokratische Deutsche und Franzosen wohl auch.

23. Die Balance demokratischer Defizite als Ende der Demokratiegeschichte? Wenn ich infrage stelle, warum ich bei der Europawahl meine Stimme abgeben soll, wenn das Amt des Kommissionspräsidenten/der Kommissionspräsidentin ohnehin von Deutschland und Frankreich ausgemauschelt wird, dann kommt natürlich dieser sachliche Einwand: Die demokratische Legitimation der Kommissionspräsidentin, also der Präsidentin jener Institution, deren Aufgabe es ist, europäische Gemeinschaftspolitik zu entwickeln und Richtlinien (Gesetze) auszuarbeiten, ist eine indirekte, eine vermittelte, und das ist eben das System, auf das sich die demokratischen Mitgliedstaaten der Union geeinigt haben. Gewählt werden die Abgeordneten des Europäischen Parlaments, und die Kommissionspräsidentin muss, wie auch die Kommissare (was bei einer Regierung den Ministern entspricht), vom Parlament bestätigt werden. Selbst wenn es nur zwei Staatschefs sind, die die Nominierung der Kommissionspräsidentin unter sich vereinbaren, so müssen doch alle anderen europäischen Staats- und Regierungschefs zustimmen, und diese sind ja auch gewählt und somit demokratisch legitimiert, weiters müssen auch die gewählten Abgeordneten des Europäischen Parlaments diese Entscheidung bestätigen. Also ist die Präsidentin auf zwar vermittelte, aber doch demokratische Weise bestellt.

Das Europäische Parlament hat durchzusetzen versucht, dass der Spitzenkandidat der parlamentarischen Fraktion, die bei der Wahl die meisten Sitze erhält, daraufhin Kommissionspräsident wird, was den Wählern eine nachvollziehbare und einsichtige Entscheidungshilfe wäre, aber das wurde vom Rat der Staats- und Regierungschefs, die ja, wie gesagt, alle demokratisch legitimiert sind, verhindert. Mit anderen Worten: Eine undemokratische Europawahlentscheidung ist nationaldemokratisch legitimiert, und das ist eben das europäische Gemeinschaftssystem.

Schauen wir uns das genauer an, um zu verstehen, wie das Primat der nationalen Demokratie eine europäische Demokratie verhindert, eine europäische Demokratie, die einem gemeinsamen Markt, einer gemeinsamen Währung, einer gemeinsamen Verwaltung, einer gemeinsamen Volksvertretung, einem gemeinsamen Rechtszustand, einem gemeinsamen Gerichtshof, kurz: einem zusammenwachsenden postnationalen Europa entspräche. Ich will da jetzt noch nicht werten, man kann dafür sein, man kann dagegen sein, aber man sollte einmal die Aporien, die unproduktiven Widersprüche des Systems verstehen: Wir können also eine *europäische Volksvertretung* wählen, aber wir können sie nur auf der Basis von *nationalen Listen* wählen. Nationale Listen bedeutet auch, dass viele Wähler von ihren Abgeordneten erwarten, dass sie »nationale Interessen« vertreten, was immer das sein soll. (In der Regel verstehen sie darunter: weniger Gemeinschaftsrecht, Verteidigung der nationalen Souveränität und herrische Aufhebung universeller Menschenrechte zum Schutz der exklusiven Rechte der jeweiligen nationalen Bevölkerung.) Rund dreißig Prozent wählen radikal nationalistische Parteien, weil sie sich von ihnen versprechen, dass sie verhindern, »von der EU überreguliert« zu werden, und erwarten, dass sie die nationale Souveränität kompromisslos verteidigen. Das heißt, dreißig Prozent der Abgeordneten des Europäischen Parlaments sind dazu »demokratisch legitimiert«, das demokratisch gewählte Parlament tunlichst zu obstruieren. Wenn ich mir zum Beispiel nur das Abstimmungsverhalten der Europaabgeordneten der österreichischen FPÖ anschaue (übrigens: das Abstimmungsverhalten der Europaabgeordneten kann jedermann abonnieren!), dann ist das bezeichnend: Sie stimmen gegen alles, selbst wenn es auch im Interesse ihrer Wähler wäre, weil sie grundsätzlich nicht akzeptieren können, dass Gemeinschaftsrecht über nationalem Recht steht.

Es gibt natürlich tolle, sehr engagierte Abgeordnete, die, national gewählt, sich dann zu wirklichen Europäern entwickeln, und es gibt die »Pro-Europäer«, wie oben beschrieben, die sich für Europäer halten, gerne auch »glühend«, wenn sie sich fleißig, aber phantasielos im System einrichten. Ja, das Parlament ist bunt, aber wie auch immer – es verfügt nicht über ein wesentliches Instrument parlamentarischer Demokratie: Es hat kein Initiativrecht. Pro-Europäer finden das auch nicht notwendig, es ist das europäische System. Das Parlament muss die Kommission ersuchen, die Initiative zu setzen. Die Kommission hat die Aufgabe, europäische Gemeinschaftspolitik zu entwickeln. Die Kommission wäre der natürliche Verbündete aller Europäer, die ein demokratisches, nachnationales, friedliches, souveränes Europa wollen. Wie ist nun das System (abgesehen davon, dass auf der »Arbeitsebene«, also auf der dritten oder vierten Stufe der Hierarchie, hoch kompetente, ehrlich engagierte, oftmals visionäre Beamte arbeiten)? Die Ressorts werden geleitet von Kommissaren, die von den Nationalstaaten nominiert und entsandt werden. Oft auch glücklose Minister nationaler Regierungen, die man, wenn man sie loswerden will, nur nach oben fallen lassen kann. (Was alleine noch nichts sagt: Ich weiß zum Beispiel von zwei Kommissaren, die notorisch erfolglos in einer Regierung ihrer Herkunftsländer agierten, sich dann aber als Kommissare zu wirklich beeindruckenden Europapolitikern entwickelten, was übrigens überall, außer in ihren Herkunftsländern, Anerkennung fand.) Jedenfalls, finde den Fehler: Die Nationalstaaten entsenden die Kommissare, also die »Minister« für Europapolitik. Nicht genug damit, sie nominieren sie, ohne zu wissen, welches Ressort sie dann bekommen werden. Das Ressort bekommen sie erst später vom Kommissionspräsidenten/der Präsidentin zugeteilt, nachdem sich die nationalen Staats- und Regierungschefs auf einen/eine geeinigt haben. Das heißt, fachliche Qualifikation ist zunächst offenbar Nebensache. Hauptsache, jede Nation hat einen Vertreter in der obersten Ebene der Kommission, und egal welches Ressort er oder sie dann bekommt, er oder sie wird sich schon einarbeiten und sich auf die kompetenten Beamten verlassen können oder sie einbremsen, und der nationale Regierungschef hat seine oder ihre Handynummer. Oftmals ist die Nominierung der Kommissare nicht nur nicht kompetenzmäßig begründet, sondern in gar keiner Weise europapolitisch. Etwa wenn Koalitionsregierungen in den Nationalstaaten die Nominierung nach innenpolitischen Interessen dealen: Die eine Partei darf den Kommissar nominieren, und die andere darf dafür bestimmen, wer Intendant des öffentlich-rechtlichen Rundfunks wird …

Jetzt setzt die Kommission eine Initiative, entwickelt eine Richtlinie, diese kommt dann ins Parlament. Wenn sie eine Mehrheit im Parlament findet, ist sie noch lange nicht Gesetz. Das ist in allen bekannten Modellen von parlamentarischer Demokratie einmalig, dass eine parlamentarische Mehrheit nicht reicht, um aus einer Gesetzesinitiative ein Gesetz zu machen. Denn jetzt geht das Ganze weiter an den Rat, die Wagenburg zur Verteidigung der Souveränität der Nationalstaaten. Es beginnt der »Trilog«, das heißt, Kommission und Parlament müssen sich mit den Einwänden des Rats auseinandersetzen. Da geht es um Papiere, die in der Kommissionssprache »Märtyrer-Papiere« heißen, weil sie im Rat einfach zerrissen werden.

Kurz: Wir wählen über nationale Listen das Europäische Parlament, es arbeitet zusammen mit der Europäischen Kommission, in die nationale Vertreter oben hineingeschoben werden, um dann einen Kompromiss zu suchen mit den nationalen Vertretern im Rat. Alles sehr vermittelt demokratisch legitimiert?! Man kann statt »vermittelt« auch »gebrochen« sagen. Europapolitik, dreifach national gebrochen.

Wenn es heißt, das sei eben der *bestmögliche Kompromiss* zwischen Nationalstaaten und Gemeinschaft und irgendwie ja doch auf demokratisch legimitierte Weise ausbalanciert, politischer Pragmatismus eben, dann möchte ich, dass diejenigen, die das ernsthaft so sehen, öffentlich und laut dazu sagen: Auch wenn sich alles in der Welt und in der Geschichte unausgesetzt entwickelt und verändert, die Entwicklung der Demokratie aber ist in der nationalen Demokratie an ihr Ende gekommen, sie ist und bleibt die höchste Stufe aller demokratischen Systeme, selbst in einer transnationalen Gemeinschaft in einer postnationalen Welt. Selbst in einer transnationalen Gemeinschaft kann es daher nur nationale demokratische Legitimation geben, das sollen sie laut sagen, sie sollen sagen: Wir glauben allen Ernstes, dass erstmals in der Geschichte der Menschheit etwas, das einen Anfang hatte, kein Ende haben wird, mit anderen Worten: Wir glauben allen Ernstes, dass die EU keine Zukunft hat.

Zehn Jahre nach dem Deutsch-Französischen Krieg, diesem großen nationalistischen Schlachten, sagte der Schriftsteller und Philosoph Ernest Renan, Mitglied der Académie française: »Die Nationen sind nicht von ewiger Dauer. Sie beginnen und sie werden irgendwann enden.« Es hat noch einige Kriege in Europa geben müssen, bis erste Schritte im Sinn dieser Einsicht gesetzt wurden. Und heute? Was ich nicht verstehe: So gut wie alle diese »Pragmatiker«, diese Legitimationstheoretiker der EU in ihrem gegenwärtigen Zustand, gehören der Generation an, die in ihrer Lebenszeit den Fall der Berliner Mauer und den Untergang der Sowjetunion erlebt hat, was noch wenige Wochen davor als völlig utopisch, als eigentlich unvorstellbar galt. Das sollte doch die Lehre ihres Lebens sein: Sie haben kein Recht, politisch Wünschenswertes, Vernünftiges und Befreiendes für verrückt und unmöglich zu erklären.

Europäische *Demokratie* als *europäische* Demokratie? Daran glaubt Niemand?

24. Was ist Demokratie? Ich lese immer wieder, auch in Intelligenzblättern, dass »Demokratie« eine »Staatsform« genannt wird, oft auch in Verbindung mit dem berühmten und regelmäßig verballhornten Churchill-Zitat (»schlechteste Staatsform, ausgenommen alle anderen«), selbst heute, da ich diese Zeilen schreibe, stand es in der Zeitung, die ich beim Frühstück las.[13] Nun ist aber Demokratie keine Staatsform, sondern eine Regierungsform, und das hat Churchill in Wahrheit auch so gesagt (»form of government«). Staatsformen sind zum Beispiel Republik oder Monarchie, beide können demokratisch sein oder auch nicht. Aber dass Demokratie von vielen, wohl den meisten, in einem demokratischen Staat als Begriff untrennbar mit dem Staat gleichgesetzt wird, gibt einen Hinweis darauf, warum sich viele eine nachnationale Demokratie nicht vorstellen können: Da wäre Demokratie keine *Staats*form mehr, im Sinn einer Nationalstaatlichkeit, der sie als Staatsbürger angehören, ausgewiesen durch nationale

13 Siehe Sarah Kleiner, »Jubelrufe und Abgesang auf die liberale Demokratie«, in: *Der Standard* (19. Oktober 2023).

Staatsbürgerschaft und nationalen Pass. Nun verstehen sie unter Demokratie also das, was sie in ihrem Staat als Form (im Grunde: von Zeit zu Zeit wählen gehen) gewohnt sind und eingeübt haben. Und auch wenn sie unzufrieden sind und wütend werden, frustriert von der – ihrer Meinung nach – Dysfunktionalität der Demokratie ihres Staates, sie können sich eher einen autoritären Rückbau der Demokratie in ihrem Staat vorstellen als ihre Weiterentwicklung. Aber wie auch immer, Demokratie gilt im allgemeinen Bewusstsein tatsächlich als »Staatsform«, die die einen frustriert und enttäuscht, sie gar »zurücklässt«, anderen aber, immerhin noch der Mehrheit, das glückliche oder zumindest betuliche Gefühl gibt, auf dem höchsten Stand der aufgeklärten politischen Selbstorganisation des Menschen zu leben, auch wenn es immer wieder Anlass zu Kritik gibt, die aber Kritik am Personal und nicht am System ist, und als Möglichkeit der Kritik eine Bestätigung der Demokratie. Das ist gut und wichtig, aber es impliziert ein Ende der Geschichte – das es aber nicht geben kann.

Und nun schauen wir uns die Demokratie in Europa unter diesem Gesichtspunkt an, nämlich dass sie etwas ist, was sie nicht ist, eine »Staatsform«. Die EU ist, wie es immer wieder so schön heißt, eine Union von siebenundzwanzig demokratischen Staaten. Interessant daran ist Folgendes: Es sind siebenundzwanzig verschiedene Systeme der Demokratie. Es gibt demokratische Republiken und konstitutionelle Monarchien, zentralistische und föderale Demokratien, Systeme mit Zweitstimmen oder mit nur einer Stimme oder mit der Möglichkeit einer Vorzugsstimme, mit plebiszitären demokratischen Elementen oder mit strikt repräsentativer Demokratie, mit Mehrheitswahlrecht oder Proporzwahl, mit kontrollierendem Parlament oder lediglich formalem Parlamentarismus, der Regierungsbeschlüsse nur noch bestätigt. Und alleine die je nationale Wahlarithmetik führt zu Wahlergebnissen, die mit der Wahlarithmetik eines anderen europäischen Staats ganz anders ausfallen würden – was ist jetzt objektiv die »demokratische Mehrheit«? Wie wichtig sind Prinzipen wie die Gewaltenteilung, wie unabhängig sind Verfassungsgerichtshöfe? Da sehen wir in den europäischen Staaten, vorsichtig formuliert, dramatische Unterschiede. Kurz: Was ist *die* Demokratie? *Das* demokratische System?

Sollten wir in einer Union von siebenundzwanzig demokratischen Staaten mit siebenundzwanzig verschiedenen Demokratie-Systemen nicht endlich die Diskussion darüber beginnen, wie eine demokratische Union, die all diese nationalen Demokratien in sich aufhebt, verfasst sein könnte?

25. Eine demokratische Union. Es geht also um etwas, das es in der Geschichte noch nie gegeben hat: Es geht um die Entwicklung einer *nachnationalen Demokratie*. Als *form of* *government* in einem Europa der Überwindung des Nationalismus.

Es ist eine interessante Frage, die ich nicht beantworten kann, warum Menschen technischen Fortschritt sofort annehmen, während es so zäh und mühsam und manchmal sogar unmöglich ist, Zustimmung zu Ideen von politischem Fortschritt zu bekommen. Auch die »Ideen« eines Rückschritts in eine Welt, die es nie gab, sind oftmals überzeugender für die sogenannten »Massen« als das politisch Neue, das in ihrem Interesse wäre.

Demokratie ist ein Lernprozess in Reaktion auf historisch sich ändernde Voraussetzungen. Aber sie muss, um ihrer Idee gerecht zu werden, als solcher begriffen und akzeptiert werden. Es gehört zum guten Ton, in Feierstunden den Satz wie eine Hostie im Munde zergehen zu lassen, dass Demokratie täglich verteidigt werde müsse. Aber in diesem gefälligen Bekenntnis ist nicht enthalten, dass Demokratie ein Prozess ist. Verteidigen? Demokratie ist vor allem dadurch bedroht, dass sie als Demokratie im Status quo, als endgültige, verteidigt wird.

Was ist Demokratie? Ich lade ein zu einer Zeitreise. Zurück ins antike Griechenland, zur Wiege der Demokratie, wie es immer so schön heißt, der Wiege der europäischen Demokratie. Wir wollen mit den klugen Menschen reden, die die Idee der Demokratie in die europäische Welt gesetzt und erstmals praktisch verwirklicht haben. Dazu nehme ich Sie jetzt mit, und da ich ein humanistisches Gymnasium absolviert und also Altgriechisch gelernt habe, sollte es kein Kommunikationsproblem geben. Wir steigen aus unserer Zeitreisekapsel aus und treffen auf Platon. Da haben wir die Zielzeit nicht sehr genau eingestellt, denn Platon erweist sich als sehr skeptisch, was Demokratie betrifft. Dass sein Lehrer Sokrates durch ein demokratisches, durch Mehrheitsentscheid gefälltes Urteil zum Selbstmord gezwungen wurde, war für ihn der Beweis, dass ein Volksentscheid höherer Vernunft widerspreche.

Das würde jetzt zwar auch, übertragen auf unsere Zeit, eine interessante Diskussion ermöglichen, war aber nicht die Fragestellung, wegen der wir uns auf den Weg gemacht haben. Wir stellen die Zeituhr genauer ein und fliegen präzis zum Beginn der Hochblüte der attischen Demokratie, um Kleisthenes zu treffen, der am Ende des 6. Jahrhunderts vor unserer Zeitrechnung die Tyrannen aus Athen vertrieben und auf Basis der Solonischen Verfassung die Grundlagen für die attische Demokratie geschaffen hatte. Also just die Demokratie, an die gedacht wird, wenn von der »Wiege der europäischen Demokratie« die Rede ist. Und da sehen wir ihn schon, Kleisthenes, im Disput auf der Agora, ein freier Mann unter freien Bürgern. Σε χαιρετώ, ω Κλεισθένη, grüße ich höflich, nehme die Einladung an, ihm ins γυμνάσιον zu folgen, wo schöne nackte Männer Fragen des Gemeinwohls diskutieren, um ihn schließlich zu fragen: Verehrter Kleisthenes, können

Sie sich eine Demokratie ohne Sklaven vorstellen, aber mit Frauen?

Er lacht schallend. Nein, sagt er, ich bin für meine politische Phantasie berühmt, und sie hat unsere Gesellschaft in die Zukunft geführt. Aber Demokratie ohne unsere Sklaven – er lacht, wie soll das möglich sein? Und mit Frauen, er japst vor Heiterkeit, Sie meinen, dass sie mitbestimmen können? Er verschluckt sich vor Lachen. Nein, sagt er, das kann ich mir nicht vorstellen, das wird es nie geben! Das ist unmöglich!

Und jetzt frage ich, mit Ihnen zurückgekehrt von der Wiege der Demokratie in die Gegenwart, ganz unschuldig: Ist das, was am Beginn der Demokratie unvorstellbar war, heute nicht selbstverständlich? Und sollten wir nicht heute bereits versuchen, uns vorzustellen, was morgen vernünftigerweise selbstverständlich sein wird?

26. Wie kann man das Uhrwerk wechseln, ohne dass die Zeit stehenbleibt? Ist das die Frage, deren Lösung die demokratische Zukunft der EU entscheidet? Die Antwort wäre: unmöglich! In das Räderwerk der EU einzugreifen wäre ihr Ende, eine Systemänderung ist ausgeschlossen unter der Voraussetzung, dass alle Mitgliedstaaten zustimmen müssten.

In Wahrheit aber geht das Uhrwerk bereits die längste Zeit nach, schlimmer noch, es wurde an der Uhr gedreht und die Zeit zurückgestellt.

Die Europäische Kommission sollte die Garantin des gemeinsamen Interesses der Union sein, Gemeinschaftsrecht entwickeln und perspektivisch Schritt für Schritt die Regierung des gemeinsamen Europas werden. Aber Rückschritt für Rückschritt wurde sie rückentwickelt zu einer Art technischem Sekretariat des Rats. Das ist zwar von den Verträgen nicht gedeckt, aber wurde praktisch konsequent betrieben. Der Rat wiederum, dessen Aufgabe es bloß sein sollte, »der Union die für ihre Entwicklung erforderlichen Impulse zu geben«, hat für sich beansprucht und in der Praxis durchgesetzt, was im Vertrag nicht vorgesehen ist: entscheidende Instanz bei der Gesetzgebung zu sein. Einschließlich der außerordentlichen Tagungen und der Eurogipfel hat sich die Häufigkeit, in der nationale Staats- und Regierungschefs zusammenkommen, in den letzten Jahren vervielfacht und liegt weit über den im Vertrag vorgesehenen halbjährlichen Treffen. Die Tagesordnung des Europäischen Rats ist detaillierter geworden und umfasst immer wieder Themen, die nicht in seine Zuständigkeit fallen. So beansprucht er systematisch eine Funktion für sich, die ihm untersagt ist, eben als Supergesetzgeber aufzutreten. Er verschiebt das institutionelle Gleichgewicht und hebelt die Gemeinschaftsmethode aus.

Diese Selbstermächtigung des Rats wird von den anderen Institutionen nicht angefochten, die sich so gut wie möglich an diese neue De-facto-Situation anpassen.

Und das ist etwas, das ich nicht verstehe. Die EU war in

ihrer Praxis bereits weiter. Ist es übertrieben, wenn man von einem Putsch der Nationalisten im System der Europäischen Union spricht? Es ist ein Sieg der nationalen Staats- und Regierungschefs, der die nationalistischen Wähler in den jeweiligen Mitgliedstaaten nicht einmal befriedigt oder gar jubeln lässt – sie lehnen die EU so oder so ab, verstehen nicht einmal, was ihre Führer dort in »Brüssel« machen. Der Rat der nationalen Staats- und Regierungschefs verteidigt seine Interessen auch übergriffig, zum Beispiel bei der Organisation der Europäischen Kommission: Jeder Mitgliedstaat darf einen nationalen Vertreter als Kommissar nominieren, das sind bei siebenundzwanzig Staaten siebenundzwanzig Kommissare. Das ist auf einsichtige Weise doppelt unsinnig: In der Kommission geht es, oder sollte es gehen, um die Entwicklung von Gemeinschaftspolitik, nicht um die Wahrung nationaler Interessen und nationalen Einflusses auf die Gemeinschaftspolitik. Und bei siebenundzwanzig Kommissaren, also Ressortleitern, muss man schon Ressorts erfinden, damit jeder/jede eines hat. Deshalb war es vernünftig, dass im EU-Vertrag (Art. 17/5 EUV) eine Verringerung der Anzahl der Kommissare festgelegt wurde: Ab 2014 (!) sollte die Kommission nur noch »aus einer Anzahl von Mitgliedern« bestehen, »die zwei Dritteln der Zahl der Mitgliedstaaten entspricht«. Das wären heute also achtzehn KommissarInnen. Wir haben aber immer noch siebenundzwanzig, aus jedem Land eine/n. Warum? Der Europäische Rat verhinderte ganz einfach, dass diese Vertragsregel umgesetzt wurde.

Und natürlich ist nachvollziehbar, dass eine Kommissionspräsidentin, die ihren Job den Staatschefs und nicht der Europawahl verdankt, sich deren Gunst bewahren muss, wenn sie ihr Amt behalten will. Gemeinschaftsmethode? Vertraglich definierte Funktion der Institution, die sie leitet? Da muss sie vorsichtig sein, da muss sie erst beim Rat nachfragen. Bei diesem Job nimmt sie sogar in Kauf, öffentlich vom Ratspräsidenten gedemütigt zu werden, wie beim Türkei-Besuch im April 2021, als der Ratspräsident, vor Vergnügen glänzend, neben dem türkischen Präsidenten Platz nahm, obwohl er sah, dass es keinen Stuhl für die Kommissionspräsidentin gab. Ihr kurzes »Ähm!«, bevor sie sich irgendwo seitlich auf ein Sofa setzte, ist für mich das Bild des gegenwärtigen europäischen Institutionengefüges, gegen die Verträge, gegen die große Idee der Gründergeneration.

Man möchte zum EU-Gegner werden, wenn man sich mit dem Zustand der EU und ihren unproduktiven Widersprüchen beschäftigt, aber ich bestehe darauf: die Idee zu verteidigen, die Abwege zu kritisieren und endlich zu diskutieren, kühn denkend, worum es der Idee nach geht, ein souveränes, demokratisches, nachnationales Europa.

27. Zukunft: Utopie? Phantasie statt Science-Fiction! Ach, mein Freund, leider, sagte unlängst eine kluge und engagierte Beamtin der Europäischen Kommission zu mir, mit der ich mich immer wieder gerne austausche und von der ich manchmal Dinge aus dem Inneren des Maschinenraums der EU erfahre, die mich beeindrucken, aber auch solche, die ich lieber nicht wissen wollte, leider, sagte sie also, man kann die Nationen nicht abschaffen. So klar es jedem ist, der Europapolitik buchstäblich miterlebt, wie destruktiv sich der Nationalismus, die Renationalisierung der Mitgliedstaaten, auswirkt, eindeutig auch gegen die Interessen der großen Mehrheit der europäischen Bevölkerung, so klar ist auch, dass die Nation für neunzig Prozent der Menschen etwas so Unabänderliches ist wie die Schwerkraft. Niemand, sagte sie, kann das derzeit ändern, und sie lachte, da kannst du gleich behaupten, du kannst es ändern, sterblich zu sein.

Nun finde ich in Hinblick auf unsere Diskussion beide Vergleiche interessant und hilfreich, Schwerkraft und Unsterblichkeit: Es gibt tatsächlich so etwas wie eine Schwerkraft der Verhältnisse, aber sie gehorcht natürlich ganz anderen Gesetzen als den naturwissenschaftlichen. Verhältnisse können niederdrückend sein, keine Ausnahme und keine Änderung zulassen, zu Akzeptanz zwingen, wie verzweifelt oder kritisch auch immer. Sie können Profiteure hervorbringen, die sich Pragmatiker nennen, und Realisten, die Schwerkraft der Verhältnisse kann mit ihrem

Gesetz des freien Falls alles Mögliche zu Fall bringen, aber sie kann einen historischen Moment später aufgehoben sein in ganz anderen Verhältnissen, die dann wieder ganz anderen Gesetzen der Schwerkraft gehorchen.

Und so wie sich in historischen Prozessen die Gesetze der Schwerkraft ändern, anders als in der Physik, so unabänderlich ist in der Geschichte, so wie in der Biologie, das Gesetz der Sterblichkeit. Die Geburt einer Epoche ist der Beginn ihres Endes. Erst recht, wenn sie für ihren Überlebenskampf Millionen Menschenleben opfert.

Und tatsächlich ist es so: Wir können uns das Ende einer in Nationalstaaten organisierten Welt nicht vorstellen, und zugleich gibt es keine historisch begründbare Hoffnung darauf, dass sie in dieser Form überleben wird.

Gleich geht es weiter.

28. Todesangst. Während sich manche vor dem Untergang ihrer Nation fürchten, dem Tod des Gewohnten, dem Tod des Identitätsstiftenden, dem Tod der Selbstherrlichkeit und des ideologischen Trosts selbst in der Misere, die auf einem begrenzten Territorium des Planeten eingeübt wurden, befürchten andere, vornehmlich Jüngere, das Ende der Bewohnbarkeit des ganzen Planeten. Das ist für ein denkendes Gemüt eher nachvollziehbar – und verweist auf zwei notwendige Einsichten: Ein dramatisches globales Problem kann nicht durch nationale Politik gelöst werden, auch nicht durch Verhandlungen zwischen Nationen. Und: Sollte es gelingen, die Bewohnbarkeit der Erde zu retten, wird man danach erst recht eine entsprechende politische Organisation des menschlichen Lebens, *form of government*, brauchen, wissend, dass die Nationen nicht die Rettung waren.

29. Wie geht es weiter? Zunächst geht es gar nicht darum, Nationen abzuschaffen, oder um die Frage, ob das möglich wäre, sozusagen per Beschluss, also darum, warum das natürlich nicht möglich ist. Es geht zunächst nur um die Einsicht, dass sie in einer globalisierten Welt und in einer sich entwickelnden Europäischen Union an Bedeutung verlieren und irgendwann absterben werden, so wie alle politischen Organisationsformen und Regierungsweisen bisher in der Geschichte. Ich bedaure Menschen, die sich an Ideologien festklammern, die längst von der Geschichte überwunden wurden, und dabei noch an die erwiesenermaßen besonders problematischen. Wenn ich dafür anfällig wäre, in nostalgischen Bildern Visionen zu sehen, ich würde eher still in meinem Zimmer ein Joseph Roth lesender Habsburg-Nostalgiker sein als ein auf der Straße brüllender Wirsinddasvolksgenosse.

Fürs Erste würde es genügen, wenn sich die Europäer darauf einigen und es durchsetzen könnten, dass die europäischen Institutionen wieder strikt gemäß den Verträgen funktionieren und so der Dynamik folgen, die ursprünglich darin angelegt war: Würde die Kommission ihrer Aufgabe, »Hüterin der Verträge« zu sein, nachkommen, müsste sie gegen ihre praktische Degradierung und die vertraglich nicht gedeckten Anmaßungen des Rats opponieren. Mit dem Initiativrecht, über das sie verfügt, müsste sie konsequent an den rechtlichen Rahmenbedingungen einer unumstößlichen Gemeinschaftsmethode arbeiten und an besseren Sanktionsmöglichkeiten gegenüber Mitgliedstaaten, die Gemeinschaftsrecht infrage stellen (etwa indem sie es nationalem Recht unterordnen), Errungenschaften aufheben (zum Beispiel den Schengenraum durch Wiedereinführung von Grenzkontrollen) und »unsere Werte« dort, wo sie tatsächlich ein Substrat haben (Gewaltenteilung, Medienfreiheit), brutal unterlaufen. Das wäre allerdings nur möglich, wenn die Kommissionspräsidentschaft nicht vom Rat besetzt wird (und tatsächlich gibt es ja in den Verträgen keinen Artikel, der den Staatschefs dieses absurde und kontraproduktive Privileg zuspricht), sondern nach der Europawahl vom Parlament. Dadurch wäre die Kommission aus ihrer Abhängigkeit vom Rat erlöst und könnte ihrer eigentlichen Aufgabe vertragsgemäß nachkommen. Es zöge wieder die Chance auf Europapolitik ins Institutionengefüge der EU ein, ohne dass man die Verträge gleich ändern müsste. Ein so grotesker Kniefall vor zynischem nationalem Interesse wie zum Beispiel die Nominierung des »Kommissars für Klimaschutz« wäre dann eher nicht mehr möglich: Die Niederlande durften ihn nominieren, und sie nominierten just einen ehemaligen Shell-Manager. Für Klimaschutz. Nicht nur dass die Kommissionspräsidentin von des Rates Gnaden dies akzeptierte, sie zeigte ihre Unterwerfung noch mehr als bereitwillig, indem sie sich begeistert gab. Sie sei total glücklich, denn der Shell-Manager habe Expertise und zeige großes Engagement. Für Klimaschutz! Und dass er in seiner zweiten Karriere, als niederländischer Finanzminister, die südlichen EU-Mitgliedstaaten am liebsten in den Staatsbankrott gedrängt hätte, weist ihn überhaupt als großen Europäer aus.

Das ist nur ein kleines Beispiel, aber wenn dies nur ein kleines Beispiel ist, dann wird klar, warum selbst Europäer, die immer noch wohlwollend zur EU stehen, skeptisch werden. Und umgekehrt wird klar, wie viel Vertrauen die EU gewinnen würde, wenn solche Grotesken nicht mehr möglich wären und die Institutionen ihrem Sinne und ihrer vertraglichen Aufgabe nach funktionieren würden.

Das Parlament müsste sich weigern, und könnte es auch, nach der Wahl jemanden als Kommissionspräsidentin zu akzeptieren, der nicht zur Wahl stand und nur der Wunsch von nationalen Regierungschefs ist. Das Parlament müsste konsequent danach streben, eine kontinentale demokratische Vertretung zu sein, und es ist ihm unbenommen, einen parlamentarischen Ausschuss zu bilden, der sich mit der Weiterentwicklung des Europäischen Parlaments zu einer Volksvertretung einer nachnationalen Demokratie beschäftigt.

Der Gerichtshof muss gegen die nationalen Rechtsbrüche auf der supranationalen Idee von Recht und Gerechtigkeit insistieren, sichtbar und überzeugend.

Und der Europäische Rat? Er, der Europa zurückstutzen will, gehört selbst zurückgestutzt auf die Bedeutung, die ihm in den Verträgen zugestanden wird, nämlich Impulsgeber und nicht Gesetzgeber zu sein. Und wenn das klar geworden ist, kann man über den nächsten Schritt nachdenken. Ein Kompromiss, der in Hinblick auf den Rat immer wieder vorgeschlagen wird, ist, ihn zu einer Art Zweiten Kammer des Parlaments zu machen. Als Dichter und Phantast und ungeduldiger Träumer bin ich, wenn es bessere Lösungen gibt, nie glücklich mit windigen Kompromissen, aber dieser Kompromiss könnte doch einen frischen Wind in die Verfasstheit der EU bringen und dabei dem Trägheitsgesetz der Realität Tribut zollen.

Aber das erfordert von der politischen Klasse Argumentation, die – nein, es genügt zu sagen: Argumentation. Das Gegenteil von politischem Populismus, der nur bedeutet, dass ein Volk zu seinem Ausdruck kommt und nicht Menschen zu ihrem Recht.

30. Was tun? Es geht jetzt also um etwas, das historisch völlig neu ist: um die Entwicklung der ersten nachnationalen Demokratie. Das hat es in der Geschichte noch nie gegeben, und eben dies ist es, was diese Idee mit allem gemeinsam hat, das es in der Geschichte bereits gegeben hat: Denn alles, was es gegeben hat, hatte es davor auch nicht gegeben. Das ist so banal, dass man sich wundert, es überhaupt sagen zu müssen.

Die nachnationale Demokratie steht in Europa auf der Tagesordnung, und zwar unabhängig davon, ob man an ein Geschichtsziel beziehungsweise an Vernunft oder Logik im Fortschritt der Geschichte glaubt oder nicht. Es ist einfach ein Gebot der Notwendigkeit, wenn man eine Voraussetzung und zwei große Herausforderungen als objektiv gegeben akzeptiert. Die Voraussetzung ist, dass sich Europa – zunächst begeistert, dann halbherzig, schließlich widersprüchlich, aber doch – in diese Richtung entwickelt hat. Und diese Voraussetzung zwingt zum nächsten Schritt, bei Gefahr des sonstigen Untergangs. Und die Herausforderungen sind: erstens, zu bewahren, mehr noch: zu garantieren, was das Herzstück des europäischen Einigungsprojekts war und ist: Friede. Auch und erst recht, wenn die Kriege näher rücken. Zum ersten Mal in meiner Lebenszeit ist Krieg nicht etwas, auf das wir zurückblicken, sondern das vor uns liegt. Umso dringender ist eine gemeinsame europäische Friedenspolitik im Geist der Gründung und Begründung eines geeinten Europas. Und zweitens: die Notwendigkeit, die großen transnationalen Krisen irgendwie zu bewältigen, die national ganz sicher nicht gemeistert werden können. So lange es die EU gibt, darf kein globaler Interessenskonflikt dazu führen, dass Europa seine Bedürfnisse nach Bodenschätzen und Absatzmärkten, so wie die großen Nationen der Welt, im Zweifelsfall militärisch durchzusetzen versucht. Aber auch dazu ist die Weiterentwicklung der Gemeinschaftspolitik, das heißt aber auch der gemeinsamen Demokratie, notwendig, damit nicht gewisse europäische Nationen hinterrücks ihren je eigenen Vorteil suchen können.

Bezeichnend ist in dieser Debatte, soweit es sie überhaupt gibt, Folgendes: Wenn ich bei einer Diskussionsveranstaltung die Notwendigkeit einer nachnationalen Demokratie anspreche, werde ich nie gefragt: Wie sollte oder könnte sie aussehen? Die Reaktion ist immer: Das ist eine Spinnerei. Unmöglich. Undenkbar.

31. Klarheit, bitte! Ich habe mich um einen einigermaßen klaren Aufbau dieses Essays bemüht, aber bewusst auch ein gewisses Mäandern zugelassen, um möglichst viel an Denkbarem mitzunehmen. Wenn ich jetzt zurücklese, bemerke ich einige Widersprüche in meinen Gedanken. Das beruhigt mich. Widersprüche sind die Voraussetzung für Diskussionen.

32. Warum ist schon das Einfache nicht einfach? Vielleicht sollte man zunächst gar nicht so groß und abstrakt denken – »nachnationale Demokratie«! Wen kann man da, wie es so schön heißt, schon »mitnehmen«? Es gäbe so viele einfache, pragmatische Maßnahmen, die gesetzt werden könnten, die zu einer größeren allgemeinen Anerkennung einer europäischen Gemeinschaftspolitik führen würden und europäisches Bewusstsein stärken könnten. Maßnahmen, die so einfach sind wie die Durchsetzung universeller Stecker für die Ladekabel aller möglichen Geräte, aber noch viel wirkungsvoller in Hinblick darauf, die europäische Idee zu begreifen. So viele Möglichkeiten, Kleinigkeiten, die nicht einmal etwas kosten würden.

Ich war vor einiger Zeit, bis meine Frustrationsgrenze überschritten war, Mitglied eines sogenannten EU-*Thinktanks*, der irgendwie unter der Ägide des damaligen Kommissionspräsidenten Barroso stand. Ich will jetzt nicht von den allergischen Hautausschlägen berichten, die ich bekam, wenn ich die sabbernde Eitelkeit von Ökonomen oder Politologen beobachtete, die sich in diesem Thinktank in einem Vorzimmer der Macht wähnten, sondern nur davon, wie mit kleinen pragmatischen Vorschlägen umgegangen wurde, die bei großer Wirkung nicht einmal etwas gekostet hätten. Ich schlug vor, dass alle Menschen, die in Europa zur Welt kommen (ab einem gewissen Stichtag, zum Beispiel dem 1. Januar des folgenden Kalenderjahrs), einen europäischen Ausweis beziehungsweise einen europäischen Pass erhalten, in dem zwar der Geburtsort, aber nicht mehr die Nation eingetragen ist. Geburtsort und Europa. Es würde doch bewusstseinsmäßig etwas mit den Menschen machen, die mit einem solchen Pass aufwachsen. Die Kommission möge doch eine entsprechende Initiative setzen. Barroso gab nicht einmal eine Antwort, sondern wandte sich einem Ökonomen zu, der irgendwelche Sanktionen gegen die griechische Haushaltsschuld vorschlug.

Bei der nächsten Gelegenheit probierte ich es noch einmal: Ich schlug vor, dass jeder Europäer zu seinem achtzehnten Geburtstag ein Interrail-Ticket von der EU erhalten solle, mit dem er drei Monate kreuz und quer durch Europa fahren könne. Das kostet nichts, denn die Züge fahren sowieso, aber das würde doch mit den jungen Menschen etwas machen, die den Kontinent in seiner schönen Vielfalt, Menschen anderer Kulturen und Sprachen ebenso wie das Gemeinsame erleben und kennenlernen könnten.

Diese Idee ist zumindest irgendwie ein wenig durchgesickert, und das karikaturhafte Ergebnis war: Das Ganze ist viel zu teuer, denn die nationalen Eisenbahnen verlangen Millionen als Abgeltung für den Transport der jungen Europäer, aber –! Aber: Eine gewisse kleine Anzahl von Tickets könne sich die EU leisten, und sie beschloss, diese Anzahl jährlich zu verlosen.

Zu verlosen! Europäer werden durch Lotterie! Und noch

absurder: Um an der Verlosung teilnehmen zu können, muss man zuerst ein »kleines Europaquiz« bestehen!

Natürlich verließ ich diesen Thinktank. Aber ich denke trotzdem nach. Und ich frage mich, um bei der Bahn zu bleiben, warum es nicht möglich ist, ein funktionierendes europäisches Bahnnetz zu entwickeln. Siebenundzwanzig europäische Bahnen, teils privatisiert, aber großteils doch unter nationaler Kontrolle, konnten blitzschnell eine Einigung dahingehend herstellen, dass es unmöglich sei, achtzehnjährigen Europäern das Geschenk zu machen, eine begrenzte Zeit in Zügen mitzufahren, die ohnehin fahren, aber sie können sich nicht darauf einigen, unterschiedliche Regeln für Lokführer zu vereinheitlichen, was bei grenzüberschreitenden Fahrten im Europa ohne Grenzen naturgemäß zu gewissen Hürden führt. Warum gibt es keine Hochgeschwindigkeitsverbindungen zwischen allen wichtigen Städten Europas?

Es gibt eine »European Union Agency of Railways«, die die Aufgabe hat, die zigtausend nationalen Regelungen für den Bahnverkehr zu harmonisieren. Ich muss das wiederholen, weil es so unfassbar ist und ich nicht will, dass der geneigte Leser, die geneigte Leserin einfach darüber hinwegliest: siebenundzwanzig (!) europäische Staaten haben zigtausend (!) unterschiedliche Regelungen, was die Organisation des Eisenbahnverkehrs betrifft. Und die »EU Agency of Railways«? Sie zu gründen war schon ein großzügiges Zugeständnis der europäischen Nationalstaaten.

Aber ihr Kompetenzen zu übertragen? Oh nein, das war nicht möglich, da waren sich die europäischen Verkehrsminister einig. Verkehr muss unter nationaler Kontrolle bleiben. Die Deutsche Bahn ist ja bekanntlich ein allseits hoch gelobtes Erfolgsmodell …

33. Kann sich das Niemand vorstellen? Eine nachnationale Demokratie? Ein Gemeinwesen, das diese Lächerlichkeiten von zigtausend nationalen Unterschieden in Verwaltung und Organisation des täglichen Lebens in diesem engen Raum Europa harmonisiert, in funktionierender Gemeinsamkeit aufhebt? Ein System, das gemeinsame Rahmenbedingungen schafft, innerhalb deren wir nicht nur gleiche Stecker für verschiedene Geräte haben, sondern auch gleiche Chancen, gleiche Rechte, gleiche Rahmenbedingungen unseres Lebens, einen gemeinsamen Rechtszustand und Vertrauen darauf, wo immer ich in Europa lebe und arbeite. In Wien haben rund dreißig Prozent der Menschen, die dort arbeiten und Steuern zahlen, kein Wahlrecht. Ich könnte eine Liste anfügen, wie das europaweit ausschaut. Es ist beschämend. Wer da jetzt betulich über die Demokratie in Europa im Ist-Zustand und »unsere Werte« reden will, trete vor und schweige!

Sind wir bereit, durch eine neue europäische Demokratie erstmals ein demokratisches Grundprinzip, nämlich den Gleichheitsgrundsatz, zu verwirklichen, also die ungleich großen und ungleich mächtigen Nationen Europas zu überwinden, die den Bürgern und Bürgerinnen ungleiche Chancen geben und die ungleich großen Einfluss auf die europäische Politik haben? Eine nachnationale Demokratie bedarf natürlich anderer politischer Verwaltungseinheiten. Historisch sind in Europa die Regionen das Kontinuum, die nationalen Grenzen wurden immer wieder verschoben, sie sind in Landkarten eingezeichnete Willkür. Die Größen- und Machtunterschiede zwischen den europäischen Regionen sind viel kleiner, was historisch einsichtige Gründe hat, und sie behielten ihre regionale Identität auch dann, wenn nationale Grenzen sie teilten (Tirol) oder sie in eine fiktive nationale Einheit zwangen (Katalonien). Sie wären ideale politische Verwaltungseinheiten, in denen die Bürgerinnen und Bürger im besten Sinn des Begriffs souverän wären, also auf ihre je eigene, ihrer gewachsenen Kultur und Mentalität entsprechende Weise in gleichen gesamteuropäischen Rahmenbedingungen ihr gesellschaftliches Leben und ihre politische Partizipation organisieren könnten. Diese Regionen unter dem starken Dach einer europäischen Gemeinschaftspolitik, das könnte zu der europäischen Erzählung werden, nach der die phantasielosen »Pragmatiker« angeblich suchen.

34. Europäische Republik? Das war lange meine Vorstellung der europäischen Zukunft. Bis mir ein guter niederländischer Freund sagte: Unmöglich! Die überwältigende Mehrheit der Niederländer würde eher akzeptieren, dass man die heilige Kuh nationale Finanzpolitik schlachtet, als dass die Monarchie abgeschafft wird! Das fände nie und nimmer bei uns Akzeptanz.

Das hatte ich, als ich die Europäische Republik proklamierte, noch nicht bedacht. In der EU gibt es sechs Monarchien. Wie geht man damit um? Sie in einem künftigen Europa zu lokaler Folklore erklären?

Keine Ahnung. Aber ich habe ja nichts anderes anzubieten, als bitte (!) endlich (!) darüber zu diskutieren, wie ein künftiges, souveränes, demokratisches Europa organisiert sein müsste.

35. Zukunft als Folge wirtschaftlicher Zwänge? Es gibt nicht nur die Ironie, sondern auch den Zynismus der Geschichte: Genau jene Technologien, die die globale Zusammenarbeit und Vernetzung durch Kommunikation, Infrastruktur- und Handelsketten möglich gemacht haben, führen heute zu geopolitischen Spannungen, zu gnadenloser Konkurrenz zwischen Nationen um den Zugriff auf die Rohstoffe, die zur Produktion der Bausteine globaler Kommunikation und Vernetzung notwendig sind. Nationale Standortpolitik wird zum Primat der Politik. Deutschland plant mit enormen Investitionen und Förderungen das Bundesland Sachsen zum europäischen Silicon Valley zu machen, zu »Silicon Saxony«. Dort sollen mehrere Fabriken für Wafer, Mikrochips und Halbleiter errichtet werden. Die Notwendigkeit, in Hinblick auf sensible Infrastruktur für weniger Abhängigkeit von internationalen Lieferketten zu sorgen, ist jedem Zeitungsleser einsichtig. Es stimmt natürlich, dass diese Chips unverzichtbar sind, aber ist es auch richtig, dass nur eigene Produktion sicherstellt, dass sie auch im Fall größter globaler Verwerfungen zur Verfügung stehen? Ist wirklich Unabhängigkeit gewährleistet, wenn für die sogenannte unabhängige Produktion Rohstoffe benötigt werden, über die Deutschland und auch die EU insgesamt nicht verfügen? Dabei ist das Problem noch viel größer: Für die geplante Chipproduktion in Sachsen werden große Mengen von hochreinem Silizium benötigt. Allerdings kann das weltweite Angebot von Silizium den Bedarf schon heute nicht mehr decken. Alleine für den alternativer Energieformen wie Photovoltaik oder Windenergie würden bereits 150 Prozent der aktuellen Produktionsmenge an Silizium gebraucht. Der Bedarf für Computerprozessoren, Speicher und Elektrofahrzeuge ist dabei noch gar nicht eingerechnet.[14] Die Europäische Kommission selbst schreibt dazu:

14 Siehe zum Hintergrund den ORF-Beitrag »Lexikon der Chemie: Silizium« (27. September 2023), online verfügbar unter: {https://oe1.orf.at/artikel/705422/Silizium}.

> Die aktuelle weltweite Halbleiterknappheit hat in einer Reihe von Sektoren – von der Automobilbranche bis hin zu medizinischen Geräten – dazu geführt, dass Fabriken schließen mussten. Dadurch wurde die extreme globale Abhängigkeit der Halbleiter-Wertschöpfungskette von einer sehr begrenzten Anzahl von Akteuren in einem komplexen geopolitischen Umfeld deutlich. [...] Laut einer Umfrage der Europäischen Kommission rechnet die Industrie bis 2030 mit einer Verdoppelung der Nachfrage nach Mikrochips. Dies spiegelt die wachsende Bedeutung von Halbleitern für die europäische Industrie und Gesellschaft wider. Die Deckung dieser steigenden Nachfrage wird uns vor Herausforderungen stellen, insbesondere angesichts der aktuellen Halbleiterversorgungskrise.[15]

Die Antwort ist: ein eigener deutscher Produktionsstandort? Wie passt das zusammen: Steigerung der Produktion, mit dem Ziel, eine Verdopplung der Nachfrage zu befriedigen, bei fehlenden und immer weniger werdenden Rohstoffen?

Unabhängigkeit? Wessen? Deutschlands mit seinen kühnen Phantasien eines »Silicon Saxony« Europas? Im Wettlauf mit China, also in Fixierung auf China, das heißt bei bleibender Abhängigkeit von China, das sich weltweit be-

15 Europäische Kommission, »Handlungsbedarf auf EU-Ebene«, online verfügbar unter: {https://commission.europa.eu/strategy-and-policy/priorities-2019-2024/europe-fit-digital-age/european-chips-act_de}.

reits Schürfrechte für die wesentlichen Vorkommen Seltener Erden gesichert hat, ausgenommen der große Schatz in der Ukraine?

Der Eintausch einer Abhängigkeit gegen eine andere, bei einem extrem knappen Gut, ist eine nachhaltige Lösung? Ich verstehe das Interesse der deutschen Industrie und der deutschen Exportwirtschaft, die mit dem politischen Gewicht Deutschlands in der Union exorbitante Fördermittel lukrieren konnten, aber kann man »Silicon Saxony« als europäische Lösung verstehen? Es gibt keinen Plan, kein Konzept, wie die erforderlichen Rohstoffe in ausreichender Menge, noch dazu bei stark wachsendem Bedürfnis, im globalen Konkurrenzkampf sichergestellt werden können. Das wird Deutschland überlassen? Das ist ein Plan? Wenn in Sachsen produzierte Chips an französische Autofabrikanten oder an tschechische Hardwareproduzenten verkauft werden, dann ist das ein Plus in der deutschen Außenhandelsbilanz. Den Unsinn, in einem gemeinsamen Wirtschaftsraum nationalökonomisch zu bilanzieren, habe ich bereits angesprochen. Aber was mich in diesem Zusammenhang besonders wundert, ist, dass die Union in ihren gegenwärtigen unproduktiven Widersprüchen dermaßen feststeckt, dass sie nicht nur keine Vorstellung ihrer Zukunft mehr formulieren kann, sondern sogar ihre Geschichte vergessen hat: Hat die Geschichte der europäischen Einigung nicht mit einem vergleichbaren Problem und seiner zukunftstauglichen Lösung begonnen? Was Silizium und all die Seltenen Erden in ihrer wirtschaftlichen Bedeutung heute sind, waren in den fünfziger Jahren des vorigen Jahrhunderts Kohle und Stahl. Damals einigten sich sechs europäische Staaten (Belgien, die Bundesrepublik Deutschland, Frankreich, Italien, Luxemburg und die Niederlande) darauf, eine »Hohe Behörde«, eine erste supranationale Organisation einzurichten, die die Beschaffung und Verteilung dieser Rohstoffe regelte und ihre Verwendung kontrollierte. Dieses System, die »Montanunion«, war der Beginn des Friedensprojekts und das Fundament des Wirtschaftsaufschwungs. Und fünfundsiebzig Jahre nach diesem Erfolgsprojekt kommt niemand auf die Idee, in einer vergleichbaren Situation eine Art »Seltene-Erden-Union« zu organisieren, die für die gemeinsame Beschaffung der Rohstoffe, ihre gerechte Verteilung und die Kontrolle ihrer Verwendung zuständig wäre?

Der EGKS-Vertrag (Europäische Gemeinschaft Kohle und Stahl) lief im Juli 2002 aus. Zwei Jahre später wurde Polen Mitglied der EU. Und Polen hätte eine europäische Kontrolle über seine Kohle nie akzeptiert. Den Vertrag zu verlängern und neuen Herausforderungen anzupassen, wurde nie in Erwägung gezogen, vergleichbare neue Herausforderungen hat damals niemand gesehen. Niemand.

Seltene Erden werden morgen nicht weniger selten sein. Und wenn es sehr knapp wird und sich die größten Chiphersteller in Deutschland befinden – was wird das für Europa bedeuten? Vielleicht »nichts«. Man wird kaufen können. Man wird immer kaufen können, aber wird es dann, zumindest dem Anschein nach, noch eine Union sein?

Jacques Delors warnte: »Jeder kämpft für sich und verliert. [...] Das ist der wichtigste Punkt: Wir müssen zurück zur Gemeinschaftsmethode. Wenn das nicht passiert, landen wir wieder bei der Logik der Einzelstaaten aus dem 19. Jahrhundert.«[16]

Die Entscheidung für »Silicon Saxony« erscheint mir geradezu als ein Paradebeispiel für die Herausforderungen einer europäischen Demokratie, die wir entwickeln müssen: So unterschiedlich Demokratie in den siebenundzwanzig Staaten auch organisiert ist, so hat jede dieser nationalen Demokratiemodelle dies mit allen anderen gemeinsam: *Demokratie funktioniert offensichtlich nicht mehr in Raum und Zeit.* Sie funktioniert nicht mehr in ihrem jeweiligen Raum, weil sie in der politischen Union und im globalen Wettbewerb nicht mehr auf dem beschränkten Gebiet eines Nationalstaats Lösungen produzieren kann, und sie funktioniert nicht mehr in der Zeit, weil die Probleme, die gelöst werden müssen, und die Konsequenzen, die diese Lösungsversuche haben, sich nicht nach

16 Jacques Delors, Mein Leben für Europa, herausgegeben von Ronald Grätz und Hans-Joachim Neubauer (und mit Fotografien von Carl de Keyzer), Göttingen: Steidl, S. 47, S. 49.

den Zeiteinheiten richten, die durch die Legislaturperioden vorgegeben sind.[17]

Auch dies sollten wir diskutieren, wenn wir über eine neue, nachnationale, europäische Demokratie nachdenken.

36. Primat der wirtschaftlichen Interessen. Eine Erinnerung. Noch einmal eine Zeitreise. Fliegen wir mit unserer Zeitkapsel zurück ins 19. Jahrhundert, nach Großbritannien, nach Manchester. Dort treffen wir die Gentlemen Richard Cobden und John Bright, bekannt als engagierte Wortführer und Interessensvertreter des Manchesterkapitalismus. Wir wollen jetzt ganz authentisch von ihnen wissen, was ihrer Meinung nach notwendig sei, um auf dem Stand ihrer Zeit den Standort Manchester »fit« für die Zukunft zu machen. Sie geben gerne Auskunft. Ein Achtstundentag würde selbstverständlich den Standort gefährden. Die Tagesarbeitszeit für Frauen und Kinder müsse, um konkurrenzfähig zu bleiben, natürlich zehn Stunden betragen. Kinder? Ja, klar, ein Verbot der Kinderarbeit wäre nachgerade eine Bedrohung des Standorts. Auch öffentliche Schulen wären ein Problem. Die Zeit in der Schule würde Kindern und Jugendlichen als Arbeitszeit fehlen, außerdem sei Bildung, die über die Einübung bestimmter

17 Jan Zielonka, *The Lost Future: And How to Reclaim It*, Yale University Press, 2023.

Handgriffe hinausgeht, für Fabrikarbeit nicht nötig. (Nur zur Einordnung: Das war rund fünfundsiebzig Jahre *nach* der Einführung der allgemeinen Schulpflicht in Österreich durch Maria Theresia.) Bei der Frage nach einer gesetzlich garantierten Urlaubswoche für die Arbeiter können die beiden Herren nur lachen. Das wäre der Ruin. Gesetzlich garantiert? »Most of our evils arise from legislative interference«, Mr. Bright says.

Nun, zurück in der Gegenwart, wissen wir natürlich, dass die Politik die Wunschliste der Wirtschaft, der Industriellen von Manchester, nicht erfüllte. Und dennoch gibt es den »Standort« Manchester immer noch. Übrigens mit EU-Geldern zu einem urbanen und geschäftigen Schmuckstück herausgeputzt. Jetzt, nach dem Brexit, steht es Manchester frei, ganz unbehelligt von der EU und *legislative interference* bankrottzugehen, so wie jüngst das einst so stolze Birmingham.

37. Symbolpolitik. Wir Verlierer. Im Jahr 2015 ließ die damalige polnische Ministerpräsidentin Beata Szydło bei ihren Pressekonferenzen die EU-Fahne, die bei solchen Anlässen seit dem Beitritt Polens neben der polnischen Flagge gestanden hatte, entfernen. Ein polnischer Freund erzählte mir, dass dieser Akt, im Grunde zunächst nur eine Veränderung des Hintergrunds, vielen Journalisten, die ihre Kameras auf die Premierministerin gerichtet hatten, wahrscheinlich gar nicht aufgefallen wäre, aber sie wies extra darauf hin und bezeichnete dies als Ausdruck ihres Patriotismus. Diese Geste eines demonstrativen Nationalismus fand seither viele Nachahmer, die die symbolische Wirksamkeit einer solchen Zeichensetzung erkannten. Symbolpolitik ist ja nichts anderes als der immer wieder glückende Versuch, Menschen irgendwie emotional zu bewegen, wenn man sachpolitisch nicht genug liefern kann, um ausreichend Zustimmung zu gewinnen. Ungarische Abgeordnete der rechten Fidesz warfen EU-Flaggen aus dem Fenster des Parlamentsgebäudes, ein Jahr später verlangte die französische Linkspartei La France insoumise, die Europafahne aus der Nationalversammlung zu entfernen. Als am 1. Januar 2022 anlässlich des Beginns der französischen Ratspräsidentschaft die Europafahne auf dem Triumphbogen gehisst wurde, wurden massive Proteste organisiert, die dazu führten, dass sie zwei Tage später wieder eingeholt wurde, was Marine Le Pen als »patriotischen Sieg« feierte – unter dem Beifall des Linkspopulisten Mélenchon! Für Rechte ist Nationalismus und der entsprechende Symbolkampf im Sinn ihres Weltbilds logisch, aber linke Nationalisten sind, mit Verlaub, einfach verrückt. Es ist erstaunlich, dass es in der öffentlichen Diskussion niemandem auffällt, was es aussagt, wenn sich linke Populisten darüber definieren, nicht nur sozialistisch, sondern national und sozialistisch zu sein. Wir werden sehen, wie in Deutschland im Licht seiner Geschichte die nationalistische Abspaltung der Linken diskutiert wird. Und es geht immer so weiter: Jüngst entfernte der prorussische slowakische Parlamentspräsident die EU-Fahne im Parlament, um stattdessen ein Porträt von Che Guevara aufzuhängen.[18]

Man kann sagen, das sei verrückt, zumindest lächerlich, aber es ist doch in europäischen Staaten demonstrative Politik von gewählten Repräsentanten, und die eigentliche Frage ist, warum das in europäischen Medien höchstens unter »Kurz notiert« berichtet wird. Natürlich kann man sagen, dass das alles Kleinigkeiten sind, gemessen an den großen Problemen, mit denen wir uns beschäftigen und die wir diskutieren müssen, aber vielleicht sollten wir uns klarmachen, dass diese lächerlichen Kleinigkeiten Symptome dafür sind, warum wir keine Einigkeit herstellen können, um die großen Probleme in den Griff zu bekommen. Und was die »Pro-Europäer« dieser Symbolpolitik entgegenstellen, steht nicht einmal unter »Kurz notiert« in der Zeitung. Den Kampf um Symbole, die die Menschen bewegen, haben die »Pro-Europäer« verloren.

Das berührt natürlich die immer wieder gestellte Frage, warum die EU kein attraktives »Narrativ« hat und wie man es werbewirksam erfinden könne. Aber man muss

18 Siehe N. N., »Pro-Russian deputy speaker of parliament praises Che Guevara in his office, puts Čaputová in wardrobe«, in: *The Slovak Spectator* (2. November 2023), online verfügbar unter: {https://spectator.sme.sk/c/23239501/pro-russian-deputy-speaker-of-parliament-praises-che-guevara-in-his-office-puts-caputova-in-wardrobe.html}.

es nicht erfinden. Man muss nur die Idee der EU rekonstruieren und ihre Notwendigkeit gerade jetzt begründen. Und dafür einstehen. Das könnte man sehr gut. Dafür gibt es Argumente. Mehr Narrativ bräuchte es nicht. Aber dies braucht es.

38. Schluss. Es gibt keinen Schluss, denn wir befinden uns erst am Anfang der notwendigen Diskussion, wie wir aus der Krise der EU als einem europäischen Demokratieprojekt herausfinden können, um die Polykrise, mit der wir konfrontiert sind, zu bewältigen. Voraussetzungen dazu wären: erstens, »unsere Werte« aus dem Wörterbuch der Phrasen zu streichen und sie zu einem wahren Prinzip unseres politischen Handelns zu machen, auch wenn es zu diplomatischer Verstimmung mit den USA oder zu Handelsproblemen mit China führen könnte. Es würde bei den EU-Skeptikern in den Mitgliedstaaten und gegenüber dem Globalen Süden, der die Scheinheiligkeit Europas verachtet, die Glaubwürdigkeit der EU erhöhen, was alleine schon ganz andere Dynamiken und Bündnisse ermöglichen könnte. Naiver Idealismus? Ja. Na und? Mit den »Realisten« haben wir ja unsere Erfahrungen. Sogenannte Pragmatiker oder Experten, die den transatlantischen Pakt für ein Wertebündnis halten, die Preisgabe europäischer Souveränität unter amerikanischem Oberbefehl oder die gierige Unterwerfung unter die menschenrechtsverletzenden Bedingungen auf dem großen chinesischen Markt pragmatisch für unumstößlich erklären, haben noch nie auch nur einen Tag über den Status quo hinausgedacht, also über eine Situation, die zu erkennen es keine Experten benötigt.

Zweitens muss die Idee des Projekts Europa rekonstruiert und konsequent vertreten werden. Europa ist nach den Erfahrungen mit den nationalistischen Kriegen und ihren Verbrechen bewusst und geplant in eine nachnationale Entwicklung eingetreten. Das muss den Nationalisten entgegengehalten werden, statt sie mit der Chimäre abholen oder zumindest besänftigen zu wollen, dass es europapolitisch um eine bestmögliche Vertretung nationaler Interessen in der EU oder gar um den Rückbau der politischen Union im Sinne nationaler Interessen geht.

Das würde den historischen Vernunftgrund der EU erklären und auch eine Zukunftsperspektive eröffnen, die zu diskutieren produktiver wäre als die gegenwärtige Praxis, die Union als Club von Nationalstaaten zu sehen, die einen Ausgleich ihrer nationalen Interessen suchen, was nie zu notwendiger Gemeinschaftspolitik führen kann. Verrückt? Ich finde es verrückt, auf der Verballhornung der Idee zu insistieren, obwohl offensichtlich ist, dass das europäische Projekt auf diese Weise nicht funktioniert.

Drittens muss die EU, bevor wir ihre Weiterentwicklung oder gar ihre Erweiterung angehen können, zunächst wieder vertragskonform werden. Das heißt, die Vertragsbrüche müssen eingestellt und deren Konsequenzen müssen repariert werden. Große Errungenschaften der Union wurden zurückgebaut oder hintergangen. Pläne, die vertraglich festgehalten worden sind, wurden einfach von Mitgliedstaaten ignoriert. Nur wenn die Errungenschaften wieder ins Recht gesetzt werden, kann man füglich über die Zukunft der Union diskutieren, nur dann kann die Union eine Zukunft haben. Dazu gehört: Im Institutionengefüge der Union muss wieder, wie es ja geplant war, das Primat der Kommission über den Rat sichergestellt werden. Die Anzahl der national eingesetzten Kommissare muss, wie vertraglich vereinbart, reduziert werden. Der Präsident oder die Präsidentin der Kommission darf nicht mehr von nationalen Staatschefs bestimmt werden, wodurch er/sie im Amt von deren Interessen abhängig ist, sondern muss bei der Europawahl kandidiert haben und nach der Wahl vom Europäischen Parlament gewählt werden. Nur so kann die Kommission die in den Verträgen festgelegte Aufgabe erfüllen, nämlich Gemeinschaftspolitik zu entwickeln und als Hüterin der Verträge die Vertragsbrüche von nationalen Staats- oder Regierungschefs kompromisslos zu ahnden. Dies sollte ja nach der Wahl von Jean-Claude Juncker zum Kommissionspräsidenten verfassungsmäßige Konvention werden, aber die Exekutivorgane der einzelnen Staaten haben diese Idee sofort hintertrieben, um ihren Einfluss auf die Arbeit der Kommission zu bewahren.

Das Parlament muss das Initiativrecht bekommen, das ist ein unabdingbares Recht eines Parlaments, und ein europäisches Parlament darf nicht hinter die formalen Kompetenzen nationaler Parlamente zurückfallen. Im Gegenteil, es gilt, ein einheitliches europäisches Wahlverfahren zu entwickeln, wobei zunächst einmal die gemeinsamen Grundsätze umgesetzt werden sollten, die als verbindliche Bestimmung seit dem 1. Januar 1958 (!) in Kraft sind, aber von den Mitgliedstaaten seither blockiert werden.

Es muss ein gleiches Wahlrecht für alle Menschen in Europa geben, dort wo sie leben.

Viertens muss klargestellt werden, dass die großen Errungenschaften der Union, die großen Leistungen bisheriger Europapolitik, wie zum Beispiel der Schengenraum, die Reise- und Niederlassungsfreiheit in Europa, nicht willkürlich von nationalen Regierungen außer Kraft gesetzt oder eingeschränkt werden dürfen. Eine wünschenswerte Zukunft ist nur möglich, wenn sie auf den Errungenschaften der Vergangenheit aufbaut.[19]

Und fünftens wäre es buchstäblich not-wendig, bestehende Vereinbarungen, die offensichtlich nicht funktio-

19 Vgl. dazu die Analyse von Julio Baquero Cruz, der die Widersprüche zwischen dem »machiavellistischen Moment«, also dem Machtanspruch der Nationalstaaten in der EU, und der »kopernikanischen Wende« der Entwicklung der EU, also der Fortschritte, die in ihr angelegt sind, auf der Basis von Insiderwissen präzis beschreibt: »La Unión de Merkel y el punto de vista europeo«, in: *Claves de Razón Práctica* 281/2022, S. 60-73.

nieren und daher bereits grundsätzlich missachtet werden, zum Anlass zu nehmen, offen deren Scheitern zu bekennen, das ja für jeden offensichtlich ist, und sie im Sinne einer wirklichen Gemeinschaftslösung zu novellieren, um das Vertrauen der europäischen Bevölkerung zurückzugewinnen. Zum Beispiel die Dublin-III-Verordnung. Es ist natürlich ein Coup der Binnenstaaten gewesen, das Problem massiver Einwanderung von Flüchtlingen den Ländern mit Außengrenzen, vor allem den südlichen Staaten zuzuschanzen, wo die Flüchtlinge mit Booten landen, so sie überhaupt überleben. Aber der nationale Egoismus hat den Binnenstaaten nichts genützt, die Flüchtlinge reisen weiter, die Länder schieben die Probleme tunlichst zum Nächsten, das Ergebnis war und ist bis jetzt nur Anarchie, rechtloser Zustand, Menschenrechtsbrüche, Zynismus und Wasser auf die Mühlen der Nationalisten, Rechtsextremen und Populisten.

All dies würde noch keine komplizierten Änderungen der Verträge, sondern bloß deren Ernstnehmen bedeuten. Wie würde Europa heute aussehen, wenn es sich zunächst einmal selbst ganz ernsthaft und glaubwürdig beim Wort nehmen würde? Und wenn es zur Gemeinschaftsmethode zurückkehrte, denn wenn die »Zusammenarbeit« der Nationen nicht funktioniert, dann gibt es nur eine Lösung: Es muss einen Transfer von nationalen Souveränitätsrechten zu einer demokratisch legitimierten europäischen Legislative geben.

Das ist unabdingbar in Hinblick auf die Entwicklung einer europäischen Demokratie.

Das Problem, vor dem wir stehen, ist, dass die Demokratiedefizite der EU zwar allgemein erkannt werden, weshalb die EU ja in allen Umfragen mehrheitlich als undemokratisch und technokratisch bezeichnet wird, aber trotzdem kein öffentlich wahrnehmbares Bedürfnis nach einer Demokratisierung der EU entsteht. Der Grund dafür ist zweifellos, dass sich kaum jemand eine nachnationale Demokratie vorstellen kann, ja nicht einmal versteht, dass sie notwendig wäre. Deshalb wird unter Demokratie weiterhin immer nur nationale Demokratie verstanden, die gegen die europäische verteidigt wird, während die Nationalisten diese in paradoxer Gleichzeitigkeit aushebeln und tunlichst zerstören wollen.

Das hat mit der Stärke und gleichzeitigen Schwäche des grundsätzlichen Konzepts von Demokratie zu tun. Die Stärke der Demokratie besteht darin, dass sie per se, ihrer Idee nach, ein Friedensprojekt ist, solange es dahingehend Einigkeit gibt: dass Konflikte und Interessengegensätze auf der Basis eines allgemeinen Rechtszustands (des Gleichheitsgrundsatzes, der Gewaltenteilung, des Schutzes der Minderheiten und der Rechte der Opposition zur Vermeidung einer Diktatur einer Mehrheit) und starker unabhängiger rechtsstaatlicher Institutionen verhandelt werden. Und genau darin liegt aber auch die Schwäche der Demokratie: Sie ist das politische Organisationssystem, das sich am wenigsten gegen ihre Gegner wehren kann. »Es scheint ihr tragisches Schicksal zu sein, daß sie auch ihren ärgsten Feind an ihrer eigenen Brust nähren muß«, so der große Verfassungsrechtler Hans Kelsen.[20] Wir sehen in Ländern wie Ungarn oder die längste Zeit in Polen, wie gewählte Regierungen mit parlamentarischer Mehrheit auf »legale« Weise demokratische Normen untergraben können.

Diese grundsätzliche Schwäche der Demokratie wird zu einem noch größeren, geradezu bedrohlichen Problem, wenn ein demokratisches System sich erst in Entwicklung befindet, institutionell noch in Widersprüchen verfangen ist und daher kein Vertrauen der Mehrheit genießt. Genau das ist ja der Fall bei der Demokratie der Europäischen Union. Sie basiert noch nicht auf einem allgemeinen, für alle europäischen Bürger und Bürgerinnen gleichen Rechtszustand in wichtigen gesellschaftlichen und politischen Feldern, das geht von Arbeitsrecht, Aufenthaltsrecht, Fiskalrecht und so weiter bis zu Frauenrechten, Minderheitenrechten. Es gibt keinen Gleichheitsgrundsatz, es gibt keine allgemeine Anerkennung der gemeinsamen Institutionen, es gibt kein allgemeines freies Wahlrecht der Menschen, die in der Union leben und Steuern zahlen, und

20 Hans Kelsen, »Verteidigung der Demokratie« (1932), in: ders., *Verteidigung der Demokratie. Abhandlungen zur Demokratietheorie*, ausgewählt und herausgegeben von Matthias Jestaedt und Oliver Lepsius, Tübingen: Mohr Siebeck 2006, S. 229-237, S. 237.

noch immer kann eine nationale Staatsbürgerschaft oder ihre Nicht-Zuerkennung die Rechte eines EU-Bürgers an seinem Lebensort in Europa aushebeln.

Nun sind also die größten Feinde der schwachen europäischen Demokratie die Nationalisten der Mitgliedstaaten. Wir nähren sie an unserer Brust. Und wo können Antidemokraten erfolgreicher sein als im Kampf gegen eine schwache Demokratie? Die Zerstörung der europäischen ist daher ihr fröhlicher und leichter Testlauf für die Zerstörung der Demokratie ihrer Nationen, wie wir sie in einer Reihe von EU-Mitgliedstaaten beobachten müssen.

Was also vor allem vor einer Europawahl kommuniziert werden muss, und ohne Furcht und ohne Phrasen argumentiert werden kann, ist: Wer Parteien oder Kandidaten wählt, die versprechen, nationale Interessen »in Brüssel« zu vertreten oder gar zwecks Verteidigung der Nation die Gemeinschaftspolitik zu obstruieren, behindert die Entwicklung einer europäischen Demokratie, während er gleichzeitig dazu beiträgt, die nationale zu zerstören. Letzteres mag für Nationalisten – da wollen wir uns nichts vormachen – sogar ein kurzfristiges Triumphgefühl bewirken, solange sie als »Volk« glauben, herrisch behaupten zu können, dass sie mit ihren dreißig Prozent die Mehrheit sind, aber am Ende sind es sie, die zwar mitgelaufen, aber nicht dabei gewesen sind. Daran muss man sie auch erinnern.

Hans Kelsen, das wahrscheinlich größte juristische Genie seiner Zeit, war von den Herausforderungen eines anschwellenden Nationalismus in einem Vielvölkerstaat naturgemäß geprägt, und ihm war klar: »Angesichts des oesterreichischen Staates, der sich aus so vielen nach Rasse, Sprache, Religion und Geschichte verschiedenen Gruppen zusammensetzte, erwiesen sich Theorien, die die Einheit des Staates auf irgendeinen sozial-psychologischen oder sozial-biologischen Zusammenhang der juristisch zum Staat gehoerigen Menschen zu gruenden versuchten, ganz offenbar als Fiktionen.«[21]

Das kann man von Kelsen für heute und morgen lernen: Demokratie ist mehr als Wählengehen auf der Basis eines national definierten Stimmrechts.

Es ist die Rechtsordnung, es ist der für alle Bürgerinnen und Bürger gemeinsame gleiche Rechtszustand, der die Grundlage eines demokratischen Systems schafft. Und das beantwortet auch die Frage, die immer wieder von Skeptikern gestellt wird: Demokratie bedarf eines *demos*, eines durch Gemeinsamkeit definierten Wahlvolks. Und was könnte denn die Gemeinsamkeit, das Verbindende sein, bei all den Unterschieden von Sprachen, Kulturen, Mentalitäten und Traditionen in Europa?

Ich höre diese Frage immer wieder, und sie erstaunt mich immer wieder, angesichts der Realitäten in Europa im 21. Jahrhundert, der wachsenden Vielfalt an Ethnien,

21 Hans Kelsen, »Autobiographie« (1947), in: *Hans Kelsen Werke*, herausgegeben von Matthias Jestaedt, Tübingen: Mohr Siebeck 2007, S. 29-91, S. 21f.

Sprachen, Religionen, Kulturen, Identitäten, Traditionen innerhalb jedes europäischen Nationalstaats. Die Antwort lautet natürlich: Wir müssen es zulassen, dass die Menschen in Europa zu einem *demos* werden, in einer gemeinsamen europäischen Demokratie, in einem gemeinsamen Rechtszustand auf der Basis der Menschenrechte, gleicher Rahmenbedingungen und Chancen für alle, die in Europa leben und ihr Glück zu machen versuchen. *Darum* geht es: Einheit in Vielfalt. Es wäre zu Jedermanns Nutzen.